MEDICINISCH-GERICHTLICHE

GUTACHTEN

DER KÖNIGLICHEN PREUSSISCHEN

WISSENSCHAFTLICHEN DEPUTATION

FÜR DAS MEDICINALWESEN

AUS DEN JAHREN 1840 BIS 1850.

HERAUSGEGEBEN

VON

Dr. M. KALISCH.

LEIPZIG,

VERLAG VON VEIT & COMP.

1859.

DEM ANDENKEN

ADALBERT'S VON LADENBERG.

Des Königs treuester Diener,
Des Volkes wärmster Freund,

forderte er die Dienste der Wissenschaft für sein Amt, um die Freiheit derselben durch sein Amt zu fördern.

So wirkte er zu diesem Buche mit, welches ich in dankbarer Erinnerung an sein vieljähriges Wohlwollen und Vertrauen

Seinem gesegneten Andenken

widme.

Dr. Kalisch.

INHALT.

Geschichtliche Einleitung.

Im Mai 1851, also wenige Monate nachdem Herr v. Raumer dem Herrn v. Ladenberg in der Leitung des Ministeriums der geistlichen, Unterrichts- und Medicinal-Angelegenheiten gefolgt war, erschien eine

Neue Auswahl medicinisch-gerichtlicher Gutachten mit Genehmigung des Herrn Ministers der geistlichen, Unterrichts- und Medicinal-Angelegenheiten, herausgegeben von der **Königlichen wissenschaftlichen Deputation für das Medicinal-Wesen.** Erste Lieferung: **Zur gerichtlichen Geburtshülfe.** Ref.: Jos. Herm. Schmidt. Berlin 1851, Verlag von August Hirschwald.

Ueber das Geschichtliche dieses Buchs sagt der Herr Geheimrath Schmidt in seinem

Vorwort:

„Unter dem 13. März 1822 ertheilte der verewigte Staatsminister v. Altenstein dem Director der wissenschaftlichen Deputation für das Medicinal-Wesen die Erlaubniss, eine Auswahl von Gutachten dieser obersten technischen Medicinal-Behörde durch den Druck zu veröffentlichen. Herr Geh. Ober-Medicinalrath Dr. Klug liess auch im Jahre 1828 einen Band solcher Gutachten (Berlin bei Reimer) erscheinen, ohne dass diesem bis jetzt ein zweiter gefolgt wäre; nur ab und zu wurde, zum Theil im ausdrücklichen Auftrage des Ministeriums, ein einzelnes

Gutachten, namentlich über den Marsh'schen Apparat zur Ermittelung des Arseniks, über den technischen Gebrauch arsenikhaltiger Farbestoffe u. s. w., durch medicinische Zeitungen bekannt gemacht. Die Absicht, wie früher, auch sammlungsweise Veröffentlichungen zu bewirken, ist hierdurch keineswegs aufgegeben, vielmehr hat die wissenschaftliche Deputation unterm 5. April d. J. Se. Excellenz den Herrn Minister der geistlichen, Unterrichts- und Medicinal-Angelegenheiten v. Raumer um Erneuerung der Erlaubniss gebeten, von ihren Mitgliedern verfasste und von ihr nach vorgängiger collegialischer Berathung adoptirte Gutachten, entweder durch ihren Director oder durch sie selbst als Collegium, oder durch jedes einzelne ihrer Mitglieder für die von ihm als ersten Referenten verfassten Gutachten und sonstigen Arbeiten mit Weglassung der Orts- und Personen-Namen in Sammlungen oder einzeln der Oeffentlichkeit zu übergeben.

„Se. Excellenz der Herr Staats-Minister v. Raumer haben mittelst hohen Rescripts vom 12. April d. J. nicht nur diese nachgesuchte Erlaubniss ertheilt, sondern auch die Deputation ermächtigt, auch die vorangegangenen Gutachten der Kreisphysiker resp. der Medicinal-Collegien in Auszügen oder vollständig mit abdrucken zu lassen, falls und insoweit eine solche Veröffentlichung zum Verständniss des Gutachtens letzter Instanz nothwendig oder zweckmässig erscheint. Der Herr Minister haben Sich eine Mitwirkung bei der Veröffentlichung nur in sofern vorbehalten, als jedesmal ein Verzeichniss der zum Druck ausgewählten Gutachten vor Veranstaltung des Drucks vorgelegt werden muss; die Auswahl und der Modus der Veröffentlichung ist der Deputation überlassen.“ — —

Im November desselben Jahres erhielt das ärztliche Publikum nachstehenden „Prospectus:

Vierteljahrsschrift für gerichtliche und öffentliche Medicin. Unter Mitwirkung der Königlichen wissenschaftlichen Deputation für das Medicinalwesen im Ministerium der geistlichen, Unterrichts- und Medicinal-Angelegenheiten herausgegeben von Johann Ludwig Casper. Verlag von August Hirschwald.“

Der Herr Geheimrath Casper richtete dabei die nachstehenden Worte

An die Leser.

„Mit der Einführung des öffentlichen Gerichtsverfahrens und der Schwurgerichte ist auch in Preussen, wie in ganz Deutschland, ein Interesse für die gerichtliche Medicin allgemein erwacht, wie es früher nur bei den eigentlichen Medicinal-Beamten lebendig war. Und auch in anderer Beziehung macht jetzt die Medicina publica ihre Rechte immer mehr und mehr geltend, je mehr das Bestreben nach socialen Reformen, zu denen die Arzneiwissenschaft, wie gewiss wenige andere Disciplinen, mitzuwirken berufen ist, hervorragender Charakterzug unserer Zeit geworden ist. Es ist daher gewiss mehr als verbrauchte Phrase, wenn wir es ein Bedürfniss, eine Nothwendigkeit nennen, für die genannten Wissenschaften ein Organ zu schaffen, wie dergleichen ja auf dem, in allen andern Fächern so reichbesetzten literarischen Markte Preussens, ja des gesammten nördlichen Deutschlands noch gar nicht vorhanden ist.

„Was uns aber vorzugsweise ermuntert und ermuthigt, mit einer neuen Zeitschrift für Staatsarzneikunde aufzutreten, ist der Umstand, dass die oberste wissenschaftliche Medicinal-Behörde des Königreiches, die wissenschaftliche Deputation für das Medicinalwesen im Ministerio der geistlichen, Unterrichts- und Medicinal-Angelegenheiten, nach eingeholter höherer Genehmigung, sich uns geneigt erklärt hat, die Zeitschrift als ihr Organ anzuerkennen, und uns autorisirt hat, diejenigen ihrer in höchster Instanz abgegebenen Gutachten u. s. w., die ein besonderes wissenschaftliches Interesse haben, sei es, dass sie zweifelhafte und wichtige Materien aus der gerichtlichen Medicin, oder erhebliche Themata medicinal- und sanitäts-polizeilichen Inhalts berühren, in der Zeitschrift mitzutheilen.

„Wir eröffnen demnach mit dem kommenden Jahre eine **Vierteljahrsschrift für gerichtliche und öffentliche Medicin, unter Mitwirkung der Königlichen wissenschaftlichen Deputation für das Medicinalwesen.**"

Diese, in das Gewand amtlicher Darstellung eingekleideten Angaben verfehlten natürlich die beabsichtigte Wirkung nicht.

Denn die, die sie machten, verschwiegen es, und die, die sie lasen, übersahen es oder wussten es auch nicht, dass eine Königliche wissenschaftliche Deputation für das Medicinalwesen, welche ihre Gutachten herausgeben, oder eine Zeitschrift für ihr Organ erklären, oder überhaupt mit dem Publikum in irgend einen literarischen Verkehr treten könnte, — gar nicht existirt.

Die Herren Geheimräthe Schmidt und Casper haben, in der Form einer officiellen Geschichte, büreaukratische Fabeln geschrieben, die dazu gehörige Moral aber weggelassen. Letztere nachzuliefern, ist der Zweck dieser Einleitung, welche zugleich nachweisen wird, dass sie eine nothwendige Ergänzung des vorliegenden Buchs bildet.

Als durch die Cabinetsordre vom 3. November 1817 (G.-S. pro 1817 S. 289) das Ministerium der geistlichen, Unterrichts- und Medicinal-Angelegenheiten errichtet, und v. Altenstein demselben als Chef vorgesetzt wurde, bestand bereits die wissenschaftliche Deputation für das Medicinalwesen mehrere Jahre und hatte auch seit dem 23. Januar 1817 eine gesetzliche Instruction erhalten, an welche der Medicinalminister, in dessen Ressort sie aus dem des Ministers des Innern überging, gebunden war. Diese auch jetzt noch geltende Instruction (G.-S. pro 1817 S. 245) enthält folgende hierhergehörige Bestimmungen:

Die wissenschaftliche Deputation für das Medicinalwesen ist (§ 1) eine consultative Behörde, welche die Leitung der Medicinalverwaltung erleichtern soll. Sie hat sich also als eine Versammlung von Sachverständigen anzusehen und muss auch in allen einzelnen Criminalfällen, wo es zur Feststellung von Todes- oder anderen Beschädigungsursachen auf medicinische, kunstverständige und wissenschaftliche Prüfung ankommt, dem Ministerio, wenn es verlangt wird, ihr Gutachten abstatten.

Der Director und die ordentlichen Mitglieder werden (§ 4) bei ihrer Einführung durch Handschlag und mit Verweisung auf ihre sonst schon geleisteten Amtseide insbesondere auf die Pflicht der Amtsverschwiegenheit verpflichtet.

Jedes vollzogene Gutachten der Deputation wird (§ 30) unter Rückgabe der mitgetheilten Actenstücke einschliesslich der den Auftrag enthaltenden Verfügung, wenn eine solche besonders ergangen ist, von dem Director br. manu an das Ministerium abgegeben. Die schriftlichen Relationen aber werden, so wie andere etwaige Vorarbeiten, das Journal, das Protokoll und die Präsenzliste der Deputation, von der Deputation an die Medicinalabtheilung der geheimen Registratur des gedachten Ministerii abgegeben, so dass die Deputation überall keine besondere Registratur hat.

Die Deputation bedarf überhaupt (§ 31) keines eigenen Subalternpersonals, sondern erhält die erforderliche Hülfe, wo es nöthig ist, von den Kanzlei- und Registraturbedienten und den expedirenden Secretären des Ministerii. Nach dieser Instruction hat sich der Director, die Mitglieder der wissenschaftlichen Medicinaldeputation und Jeder, den es angeht, auf das Genaueste zu achten, und der Minister als Chef der Deputation auf die Beobachtung derselben zu halten, auch, was ferner zur Erreichung des Zweckes nöthig befunden wird, hinzuzufügen und zu ergänzen.

Die wissenschaftliche Deputation existirt demnach überhaupt nur als inneres Organ des Medicinalministeriums und in unzertrennbarem Zusammenhange mit dem Minister als ihrem Chef. Dem Publikum gegenüber ist sie eine reine Abstraction und kann daher, abgesehen von allen gesetzlichen Hindernissen, schon thatsächlich die von ihr erstatteten Gutachten unter ihrem Namen nicht der Oeffentlichkeit übergeben. Eine hierzu erbetene und erhaltene Ministerialgenehmigung kann in dieser Unmöglichkeit nichts ändern; und die wissenschaftliche Deputation hat daher auch bis zum Beginne des v. Raumerschen Ministeriums eine solche Genehmigung ebensowenig nachgesucht, als erhalten. Allerdings hat es nicht an Gesuchen einzelner Mitglieder der wissenschaftlichen Deputation und der Medicinal-Collegien gefehlt, die Gutachten dieser Behörden durch den Druck bekannt machen zu dürfen; allein diese Gesuche wurden stets entweder abgelehnt, oder an solche Bedingungen geknüpft, welche einem Verbote gleichkamen und daher nicht benutzt wurden. Herr Geheimrath Schmidt behauptet in seinem Vorwort das Gegentheil; ich will deshalb die Acten des Ministeriums, aus welchen er seine Angaben geschöpft und seinen Vortrag an den Herrn Minister zusammengestellt hat, zwischen ihm und mir entscheiden lassen.

Herr Geheimrath Schmidt sagt:

„Unter dem 13. März 1822 ertheilte der verewigte Staats-Minister v. Altenstein dem Director der wissenschaftlichen Deputation für das Medicinal-Wesen die Erlaubniss, eine Auswahl von Gutachten dieser obersten technischen Medicinal-Behörde durch den Druck zu veröffentlichen. Herr Geheime Ober-Medicinalrath Dr. Klug liess auch im Jahre 1828 einen Band solcher Gutachten (Berlin bei Reimer) erscheinen, ohne dass diesem bis jetzt ein zweiter gefolgt wäre."

Im Jahre 1822 war Herr Klug nicht Director der wissenschaftlichen Deputation und Geheimer Ober-Medicinalrath, sondern ein einfacher Medicinal-Assessor; und in dieser Eigenschaft richtete er unter dem 12. December 1821 das nachstehende Gesuch an das Ministerium, welches in Folge desselben unter dem 13. März 1822 die drei demnächst angegebenen Verfügungen erliess:

„An Ein Hohes Ministerium
der geistlichen, Unterrichts- und Medicinal-Angelegenheiten

Ew. Excellenz und Einem Hohen Ministerium der geistlichen, Unterrichts- und Medicinal-Angelegenheiten soll ich den Wunsch der wissenschaftlichen Deputation vortragen, eine Auswahl ihrer med.-gerichtlichen Gutachten durch den Druck bekannt machen zu lassen. Die Deputation hat meinen Vorschlag, die Herausgabe zu übernehmen, gern angenommen, und wenn so wenig der Herausgeber als der Verfasser der einzelnen Gutachten genannt werden, ein persönlicher Vortheil nirgend beabsichtigt wird, auch meinerseits mit der nöthigen Gewissenhaftigkeit und Vorsicht verfahren werden soll, so hoffe ich, das Ew. Excellenz und Ein Hohes Ministerium die erbetene Genehmigung mir ertheilen werden. Es wäre mir wichtig, Ew. Excellenz Entscheidung bald zu erhalten, weil ich sowohl überhaupt die jetzt noch langen Abende benutzen, insbesondere einem unbeschäftigten Hülfsbedürftigen durch Abschreiben der Gutachten Beschäftigung und im Verhältniss Einkommen baldmöglichst verschaffen möchte.

Berlin, den 12. December 1821.

(gez.) **Klug.**

An den Herrn Medicinal-Assessor
Dr. Klug, Wohlgeboren, hier.

Ew. Wohlgeboren Vorhaben, eine Auswahl der medicinisch-gerichtlichen Gutachten der wissenschaftlichen Medicinal-Deputation in den Druck zu geben, wird auf Ihre Vorstellung vom 12. Decbr. v. J. hierdurch genehmigt. Da jedoch die Medicinal-Collegien, die Physiker und die durch die Probe-Arbeiten sich zum Physikat qualificirenden jüngern Aerzte dergleichen Gutachten als Muster betrachten werden, so ist es nothwendig, bei der Auswahl auf dieses Erforderniss zu sehen und allenfalls solchen Ausarbeitungen, denen bei ihrem wissenschaftlichen Werthe auch in der Darstellung mehr Kürze und Bündigkeit zu wünschen wäre, unter Mitwirkung des Referenten oder Correferenten die erwünschte Vollendung zu geben, so weit es ohne Veränderung im Wesentlichen des Gutachtens geschehen kann. Sollten bisweilen ähnliche Beurtheilungen ähnlicher Fälle als Autoritäten angeführt sein, so muss das, als der Würde des betreffenden Collegii nicht angemessen, vermieden werden. Auch dürfte in einer vorauszuschickenden Nachricht über das vom Herrn p. Langermann seit seinem Directoriat eingeführte Verfahren bei Ausarbeitung der Gutachten und über den Zweck der jedem Gutachten vorausgeschickten, ausführlichen species facti das Nöthige zu bemerken sein. Der Herr p. Langermann ist beauftragt worden, bei der mit ihm zu nehmenden Rücksprache, über die etwa noch vorkommenden Bedenken die nöthigen Erläuterungen und Anweisungen zu geben. Uebrigens werden bei dem Abdruck der Gutachten die Orts- und Personen-Namen weggelassen werden müssen, aus denen diejenigen Personen entnommen werden können, welche bei dem zur gerichtlichen Eröffnung gekommenen Vorfall interessirt sind.

Berlin, den 13. März 1822.

**Ministerium der geistlichen,
Unterrichts- und Medicinal-Angelegenheiten.**

An den Director der wissenschaftlichen Deputation für das Medicinal-Wesen, Herrn p. p. Berends zu Berlin.

An das Königl. Medicinal-Collegium zu N. N.

Dem Königl. Medicinal-Collegio (der wissenschaftlichen Deputation) wird hierdurch zur Nachachtung bekannt gemacht, dass es nicht zulässig ist, dass einzelne Mitglieder desselben, die von ihnen ausgearbeiteten gerichtlichen Gutachten ohne Genehmigung des Ministerii abdrucken, oder wohl gar unter ihrem Namen bekannt werden lassen, weil dieselben in jeder Hinsicht durch die Art der Bearbeitung und der darüber gepflogenen Berathung als Official-Arbeiten des gesammten Collegii zu betrachten sind.

Berlin, den 13. März 1822.

Ministerium der geistlichen, Unterrichts- und Medicinal-Angelegenheiten.

An die Königliche Regierung zu N. N.

Die Königliche Regierung wird hierdurch beauftragt, den Kreis-Physikern und Kreis-Chirurgen*) Ihres Departements zu untersagen, ohne besonders eingeholte Erlaubniss des Ministerii ihre gerichtlichen Gutachten vor Ablauf von 5 Jahren seit ihrer Ausstellung, selbst nicht mit Weglassung der Orts- und Personal-Namen, abdrucken zu lassen.

Berlin, den 13. März 1822.

Ministerium der geistlichen, Unterrichts- und Medicinal-Angelegenheiten.

Die desfallsigen Verhandlungen zwischen dem Herrn Ministerialdirector, Geheimen Ober-Medicinalrath Dr. Langermann, und Herrn Klug müssen den Wünschen des letzteren wohl nicht entsprochen haben. Denn er gab sein Vorhaben auf. Wie sehr er sich aber für dasselbe interessirte, ersieht man daraus, dass er es 5 Jahre später, unter ganz anderen persönlichen und sachlichen Verhältnissen, wieder aufgenommen hat. Im Jahre 1825 wurde nämlich auch für die Provinz Brandenburg, für welche seit 1817, wo die Provinzial-Medicinal-Collegien errichtet wurden, die wissenschaftliche Deputation ausnahmsweise auch die Geschäfte des Medicinal-Collegiums besorgte, ein eigenes Medicinal-Collegium errichtet und, wie die gleichen Behörden in den übrigen Pro-

*) In den Acten wird ausdrücklich bemerkt, dass nur die amtliche Stellung dieser Aerzte das betreffende Verbot rechtfertige.

vinzen, unter das Ressort der Provinzialregierung und unter die specielle Leitung des Oberpräsidenten gestellt. Am 1. April 1825 trat dieses Medicinal-Collegium in Wirksamkeit; und zu Mitgliedern desselben wurden als Medicinalräthe die Herren Dr. Dr. Klug Kluge, Klaatsch und Casper berufen. Diese vier Herren vereinigten sich im Januar 1827 zu einem Gesuche an ihren Chef, den Oberpräsidenten v. Bassewitz, in welchem sie um die Genehmigung baten, die von dem Medicinal-Collegium erstatteten Gutachten durch den Druck veröffentlichen zu dürfen. Der Oberpräsident wünschte, darüber die Ansicht des Ministers zu hören; und dieser antwortete in einer Verfügung, welche einer Ablehnung viel näher kam, als einer Genehmigung, obgleich letztere formell ertheilt wurde. Wenigstens fanden sich die Herren Medicinalräthe durch den Bescheid veranlasst, — zu schweigen.

Die betreffenden Actenstücke lauten:

An den Königl. Oberpräsidenten Herrn von Bassewitz Hochwohlgeboren.

Schon vielseitig ist von den gehorsamst unterzeichneten Mitgliedern des Königl. Medicinal-Collegii der Provinz Brandenburg der Wunsch geäussert worden, eine Auswahl der bei demselben bisher bearbeiteten Gutachten der Bekanntmachung durch den Druck zu widmen. Die unterzeichneten Verfasser dieser Gutachten dürfen um so mehr hoffen, die Wissenschaft der gerichtlichen Medicin, soweit es in ihren Kräften steht, dadurch zu fördern, als bisher bei dem Collegio eine Menge der vielseitig interessantesten Fälle bearbeitet worden, und die Unterzeichneten sich bewusst sind, diesen Arbeiten den vollen Eifer gewidmet zu haben, den die Wichtigkeit des Gegenstandes und die Würde des Collegii erheischt. Andererseits glauben wir, dass durch die öffentliche Bekanntmachung dieser Gutachten den Kreis-Physikern u. s. w. Gelegenheit zu mancherlei Belehrung geboten werden dürfte, deren namentlich manche Gerichts-Aerzte im Bezirke des Medicinal-Collegii, wie die Erfahrung gezeigt hat, noch sehr benöthigt sind. Ein ferneres Motiv, baldmöglichst mit diesen Arbeiten hervorzutreten, finden die Verfasser in der, Seitens der höchsten Justizbehörde dem Herausgeber einer neuen juristischen Zeitschrift (Zeits. für die Criminal-Rechtspflege, vom Criminal-Rath Hitzig) ertheilten Bewilligung, nach Gutdünken die den Gerichten überlieferten ärztlichen Gutachten der Medicinal-Behörden, Physiker u. s. w. dem Drucke zu übergeben, durch welche Einrichtung manche Inconvenienzen herbeigeführt worden, die am Tage liegen, wenn man nur bedenkt, dass Arbeiten, z. B. in Beziehung auf die äussere Form, anders für den Druck, anders für den amtlichen Zweck bearbeitet werden, dass nicht alle Fälle, vom Standpuncte des ärztlichen Kenners angesehen, sich für den Druck eignen u. s. w.

Um unsern Wunsch in Ausführuug zu bringen, wird es, nach unserm unmaassgeblichen Dafürhalten, der Bewilligung des hohen vorgesetzten Ministerii bedürfen, da wenigstens den Kreis-Physikern und Kreis-Chirurgen laut Rescripts vom 13. März 1822 es untersagt ist, ihre Gutachten, ohne besonders eingeholte Erlaubniss des Ministerii, vor Ablauf von fünf Jahren drucken zu lassen*). Diese Erlaubniss dürfte uns aber unter den obwaltenden Verhältnissen hoffentlich nicht entstehen.

Auf unsere Aufforderung hat der mitunterzeichnete Medicinal-Rath Dr. Casper es übernommen, im Falle der verhofften Genehmigung unsres Wunsches, die Herausgabe der Gutachten in ihren Einzelheiten zu leiten, und wir haben in dieser Beziehung folgende Hauptpuncte vorläufig verabredet.

1. Es erscheint zweckmässig, die Herausgabe der Gutachten nicht als Sache des Collegii, sondern als Privatangelegenheit der Unterzeichneten zu betrachten.
2. Unter den bearbeiteten Gutachten würde eine zweckmässige Auswahl für den Druck, in Beziehung auf ein besonderes Interesse der resp. Fälle für die gerichtliche Medicin und auf den gewünschten Zweck der Belehrung der Gerichtsärzte, getroffen werden.
3. Diese Auswahl würde jedesmal nach der einstimmigen Meinung der Unterzeichneten und der darnach eingeholten Genehmigung des Königl. Medicinal-Collegii geschehen, so zwar, dass kein Gutachten in die Sammlung für den Druck aufgenommen würde, das nicht nach vorgängiger Erwägung und erneuter Prüfung als geeignet befunden würde.
4. Da, wo angesehene Personen compromittirt werden könnten, blieben alle näheren Bezeichnungen derselben fort.

*) Es ist auffallend, dass die Mitglieder des Medicinal-Collegiums das Circularrescript vom 13. März 1822, betreffend die Gutachten der Kreisphysiker und Kreischirurgen, hervorheben, während doch unter demselben Datum, wie oben (S. XIII) angegeben worden, ein gleiches Verbot an die Medicinal-Collegien und die Mitglieder derselben ergangen war, ja letztere nicht nur innerhalb 5 Jahren, sondern überhaupt gar nicht ihre Gutachten sollten veröffentlichen dürfen.

5. Ueberall würden die resp. Verfasser der einzelnen Gutachten nicht genannt.
6. Für den Fall, dass die beabsichtigte Sammlung bei dem ärztlichen Publicum Interesse erregen sollte, würden die Unterzeichneten wünschen, von Zeit zu Zeit eine Fortsetzung liefern zu können.
7. Ganz neue Fälle, von denen es nur zu vermuthen ist, dass sie bei der Gerichts-Behörde noch nicht erledigt sind, blieben, auch wenn sie alle ad 2. angeführten Erfordernisse haben, vom Drucke unbedingt ausgeschlossen.

Indem Ew. Hochwohlgeboren wir unsern Wunsch ganz ergebenst vorlegen, ersuchen wir gehorsamst, im Falle Ihrer Geneigtheit für denselben:

in dieser Angelegenheit das Weitere gefälligst veranlassen zu wollen.

Ew. Hochwohlgeboren ganz ergebenste

Berlin, den 8. Januar 1827.

(gez.) **Klug. Kluge. Klaatsch. Casper.**

Zufolge abschriftlich ganz gehorsamst hier beigefügter Vorstellung vom 8. v. M., wünschen vier Mitglieder des Medicinal-Collegii der Provinz Brandenburg (der Geheime Medicinal-Rath Klug und die Medicinal-Räthe Kluge, Klaatsch und Casper), die wichtigsten Gutachten des Collegii zur Belehrung anderer Medicinal-Personen dem Drucke zu übergeben, und haben die Genehmigung dieses Vorhabens in Antrag gebracht.

Mir scheint die Erfüllung des Wunsches der gedachten Mitglieder alle Berücksichtigung zu verdienen, weil der vielfache Nutzen nicht zu verkennen ist, der daraus hervorgehen muss, dass die Beurtheilung des Medicinal-Collegii der Provinz von Gegenständen der polizeilichen und gerichtlichen Medicin zur Kenntniss anderer Medicinal-Personen gelangt. Ich darf indess nicht anstehen, Ew. Excellenz Aufmerksamkeit auf einige Bedenken hinzuleiten, welche sich der Ausführung des Vorhabens entgegenstellen.

Es scheint mir nämlich die Beantwortung der Vorfrage:

ob das Medicinal-Collegium die von ihm verfassten Gutachten selbst oder durch einen Dritten durch den Druck zur öffentlichen Kenntniss zu bringen, berechtigt ist oder nicht?

nicht zweifelsfrei zu sein. Denn die Gutachten dieses Collegii werden entweder

a. auf Requisition der Landespolizei oder der Gerichtsbehörde, oder

b. zufolge besondern Auftrags Ew. Excellenz

erstattet. In beiden Fällen (zu a. und b.) machen die erstatteten Gutachten Theile der Verhandlungen der requirirenden oder auftragenden Behörde aus, und es dürfte hieraus folgen, dass solche nicht ohne Zustimmung der requirirenden Behörden oder ohne Ew. Excellenz Genehmigung öffentlich bekannt gemacht werden können. Die Herren Medicinal-Räthe haben zwar einige Bedingungen aufgestellt, durch welche die Bekanntmachung der Gutachten beschränkt werden soll, und die wesentlichste zu 3. besteht darin,

> dass erst das Collegium darüber beschliessen soll, ob ein Gutachten abgedruckt werden kann oder nicht?

Allein ich besorge, dass das Medicinal-Collegium nicht im Stande sein möchte, über die Zulässigkeit des Abdruckes mit Ueberzeugung zu urtheilen, weil demselben vielleicht niemals die Lage der Sache, in welcher das Gutachten erstattet worden ist, zu der Zeit officiell bekannt sein dürfte, wenn von dem Abdruck desselben die Rede ist. Es scheint mir daher nichts übrig zu bleiben, als sich von Seiten des Collegii im Falle zu a. der Zustimmung der requirirenden Behörde und im Falle zu b. der Genehmigung Ew. Excellenz selbst dann zu versichern, wenn das Collegium über die Zulässigkeit des Abdrucks keinen Zweifel hegt. Diese Zustimmung und Genehmigung dürfte um so nothwendiger sein, als die Herausgeber gerade die einzigen Mitglieder des Collegii sind, welche nach der Dienstanweisung vom 23. October 1817 § 3 eine volle Stimme haben, und einer derselben (Geheime Medicinal-Rath Klug) ausserdem sogar noch Censor der medicinischen Schriften ist, so dass der Beschluss des Collegii über die Zulässigkeit des Abdrucks lediglich von dem Ermessen der Herausgeber abhängig gemacht werden würde. Da dieser Zustimmung der requirirenden Behörde ungeachtet immer noch Gründe obwalten können, den wörtlichen Abdruck eines Gutachtens nicht zu gestatten, so dürfte, bei den vorbemerkten besonderen Verhältnissen der Herausgeber, dem Präsidenten die Befugniss zur Versagung des wörtlichen Abdrucks und Gestattung nur eines für den Druck besonders zu redigirenden Auszuges vorzubehalten sein. In den Gutachten sowohl, als in den Auszügen müssten Namen und alle nähern Beziehungen überall da fortgelassen werden, wo irgend jemand verletzt werden kann, mithin ohne Rücksicht darauf, ob die betreffende Person zu den Angesehenen gehört oder nicht, und auch hierbei dem Präsidenten eine entscheidende Stimme vorzubehalten sein. Auszüge aus Gutachten des Medicinal-Collegii dürften nicht unter der Firma des Collegii abgedruckt werden, wenn die Herausgeber, sei es auch nur in der Wortstellung, Aenderungen in der Fassung vornehmen. Dasselbe würde stattfinden, wenn die Herausgeber selbst ein Gutachten anderweit für den Druck zu redigiren wünschen möchten. In beiden Fällen müsste bei dem Druck durch die Ueberschriften

„Auszug aus dem Gutachten u. s. w.“

oder

„Gutachten, für den Druck besonders redigirt“

dafür gesorgt werden, dass das Publicum ein Gutachten des Collegii von einer Umarbeitung der Herausgeber sogleich zu unterscheiden im Stande wäre.

Für jetzt sind einige der hier unmaassgeblich vorgeschlagenen Beschränkungen von sehr geringer Erheblichkeit, weil ich dem richtigen Gefühle der zeitigen Mitglieder des Medicinal-Collegii vertrauen darf, dass sie nichts dem Drucke zu übergeben beabsichtigen werden, wodurch das Collegium, oder irgend ein Dritter sich verletzt halten möchte: sie können indess bei einem früh oder spät eintretenden Wechsel der Personen sehr erheblich werden.

Ew. Excellenz gewogentlichem bessern Ermessen erlaube ich mir, die obige Beurtheilung der Sache mit der ganz gehorsamsten Bitte zu unterwerfen, mich hochgeneigtest benachrichtigen zu wollen:

> ob unter den vorbemerkten Einschränkungen die Herausgabe der Gutachten des Medicinal-Collegii der Provinz Brandenburg den Eingangs erwähnten vier Mitgliedern gestattet werden darf.

Berlin, den 14. Februar 1827.

(gez.) **v. Bassewitz.**

Die von dem hiesigen Medicinal-Collegio erbetene Erlaubniss zur Veröffentlichung der von demselben bearbeiteten amtlichen Gutachten durch den Druck kann zwar des wissenschaftlichen Interesses wegen, doch nur mit grosser Vorsicht ertheilt werden, wozu ich Ew. Hochwohlgeboren unter folgenden Bedingungen autorisire:

1. Muss überzeugende Gewissheit darüber vorhanden sein, dass, wenn der Fall ein gerichtlicher, der Civil- oder Criminal-Process, zu dem das Gutachten gegeben worden, definitiv entschieden sei. Frühere Publicität kann grosse Inconvenienzen zur Folge haben und unangenehme Conflicte mit den Justizbehörden herbeiführen.
2. Gutachten über Fälle, deren Entwickelung nachtheilige Schlüsse begründen kann über Moralität, Amtstüchtigkeit und sonstigen Charakter anderer Personen, als gegen welche die Criminal-Untersuchung selbst geführt worden, müssen ungedruckt bleiben.
3. Eben so ist die ursprüngliche Bearbeitung nicht beizubehalten, weil

es allgemeiner Grundsatz ist, dass von amtlichen Arbeiten, welche einmal Theile öffentlicher Acten geworden sind, kein Privat-Gebrauch zulässig sei. Von Befolgung dieses Grundsatzes mag der beste Zweck nicht entbinden.

4. Die Bekanntmachung darf weder unter dem Namen des Königl. Medicinal-Collegii geschehen, noch der Namen des Verfassers öffentlich genannt werden.
5. Jedes bekannt zu machende Gutachten muss in der zum Druck bestimmten Form Ew. Hochwohlgeboren vorgelegt werden, und dessen Druck von Denenselben für zulässig erklärt sein.
6. Rücksichtlich der Aufnahme der Orts- und Personen-Namen lassen sich ganz bestimmte Vorschriften nicht ertheilen. Die vorgeschlagene Ausnahme derjenigen Fälle, in denen angesehene Personen compromittirt werden können, ist weder bestimmt genug, noch überhaupt ausreichend, weil auch Unbescholtene aus nicht höheren Ständen Anspruch auf Schonung ihres Rufes haben, daher auch aber schon unter 2. eine Beschränkung in dieser Beziehung vorgeschrieben. Nur der einzelne Fall kann hier entscheiden, und stelle ich es in Ew. Hochwohlgeboren Ermessen, wie es damit in jedem gehalten werden soll.

Berlin, den 3. April 1827.

Ministerium etc.

(gez.) v. Altenstein.

Kaum ein Jahr darauf aber erschien die von Herrn Geheimrath Schmidt angeführte

Auswahl medicinisch-gerichtlicher Gutachten der Königl. wissenschaftlichen Deputation für das Medicinal-Wesen, mit Genehmigung Eines Hohen Ministerii der geistlichen, Unterrichts- und Medicinal-Angelegenheiten, herausgegeben von Dr. Fr. Klug, Königl. Geheimen Medicinal-Rathe und Professor, Director der Königl. wissenschaftlichen Deputation für das Medicinal-Wesen etc. Erster Band. Berlin, 1828.

Wie war denn nun eine solche Veröffentlichung plötzlich möglich geworden? Man wird nicht annehmen können, dass Herr Klug in seiner Eigenschaft als geheimer Medicinalrath und Director der wissenschaftlichen Deputation von jener Erlaubniss Gebrauch zu machen sich berechtigt glaubte, welche ihm sechs Jahre früher als Medicinal-Assessor ertheilt, von ihm aber nicht benutzt worden war. Und noch weniger wird man sich veranlasst finden, die Erklärung darin zu suchen, dass der Minister v. Altenstein seine wiederholt und entschieden kundgegebenen Verwaltungsgrundsätze in Beziehung auf diesen Gegenstand ohne Weiteres aufgegeben hatte.

In der That war beides nicht der Fall; das Klugsche Buch hatte vielmehr eine ganz bestimmte Veranlassung. Die angebliche Genehmigung des hohen Ministerii war in Wirklichkeit ein Befehl des Ministers; und der Zweck der Veröffentlichung war der: mit amtlicher Autorität unter scheinbar nichtamtlicher Form dem Eindruck entgegenzutreten, welchen eine damals erschienene und sogar dem Ministerium zur Berücksichtigung übergebene Schrift in weiten Kreisen hervorgebracht hatte. Der Minister forderte von der wissenschaftlichen Deputation eine eingehende, widerlegende Beurtheilung derselben und befahl dann, das ihm erstattete Gutachten der Oeffentlichkeit zu übergeben. Die Art und Weise, in welcher dies geschehen sollte, war in sofern schwer zu finden, als einerseits eine amtliche Kritik wissenschaftlicher Ansichten ihr Bedenkliches, und andrerseits eine bloss wissenschaftliche Kritik — deren Verfasser nicht einmal hätte genannt werden dürfen — entweder gar keine, oder doch gewiss nicht die gewünschte Wirkung gemacht haben würde. Man wählte daher den naheliegenden Ausweg, dem Herrn Klug als Director der wissenschaftlichen Deputation die Veröffentlichung mehrerer älterer Gutachten derselben zu gestatten; doch sollte das eben bezeichnete, obgleich es unter allen das jüngste war, an die Spitze gestellt und in seiner unveränderten scharfen Form abgedruckt werden. Es dürfte daher gerechtfertigt sein, den Anfang und den Schluss dieses Gutachtens nachstehend mitzutheilen. Man wird daraus am besten ersehen, wie dringend für das Ministerium die Veranlassung war, durch eine schleunige Veröffentlichung desselben einem mit scheinbar wissenschaftlicher Begründung aufgestellten System der psychisch-gerichtlichen Medicin entgegenzutreten, in welchem der leitende Grundsatz aufgestellt und durchgeführt wurde, dass die Geistesstörung keine Krankheit, sondern Sünde sei, dass demnach eine Straffreiheit für während Geistesstörung begangene Verbrechen durchaus nicht gerechtfertigt, vielmehr eine Revision aller aus diesem Grunde freisprechender Erkenntnisse nöthig sei.

Das betreffende Gutachten beginnt mit folgenden einleitenden Worten:

„Von einem hohen Ministerium der geistlichen, Unterrichts- und Medicinal-Angelegenheiten ist der unterzeichneten wissenschaftlichen Deputation für das Medicinal-Wesen unterm 31. Januar d. J. befohlen worden, eine von dem Professor Heinroth zu Leipzig verfasste, aus Hitzig's Zeitschrift für die Criminal-Rechtspflege in den Preuss. Staaten etc. Jahrgang 1828. Bd. I. S. 95 f. besonders abgedruckte, mit einem Vorworte des Herausgebers versehene und von demselben mittels eines Schreibens vom 1. Januar d. J. bei einem hohen vorgesetzten Ministerium eingereichte Schrift: „Ueber das falsche ärztliche Verfahren bei criminal-gerichtlichen Untersuchungen zweifelhafter Gemüthszustände“, welche bei der neuen Redaction der gegenwärtig im § 18 Th. II Tit. 20 A. L.-R. und im § 230 der Crim.-Ord. enthaltenen Vorschriften in Betracht kommen könnte, gründlich zu beurtheilen und sich gutachtlich darüber zu äussern. Diesem Auftrage hat die unterzeichnete Deputation nach reiflicher Erwägung des Inhalts besagter Schrift und nach den Ergebnissen der medicinischen Erfahrung im Folgenden zu genügen gesucht.“

Der Schluss lautet:

„Erweisen sich nach dieser Beleuchtung vom Standpunkte der Erfahrung aus die Grundsätze von Heinroth's Lehren als falsch und nichtig, so müssen es auch alle die Folgerungen sein, die aus ihnen hergeleitet sind.

„Es müssen daher dasselbe Gepräge auch die Revisionen aller der Gutachten über bereits gerichtlich entschiedene und abgemachte Criminalfälle tragen, die der Verfasser in dieser Schrift, im 2. Abschnitte, unter Tit. 1, 2 und 3 pag. 56 seq. bekannt gemacht hat. Wir würden daher in materieller Hinsicht die oben gemachten Ausstellungen nur wiederholen müssen, um die leeren Behauptungen und Anmaassungen im Einzelnen nachzuweisen und nach Verdienst zu rügen, welche die formellen Eigenthümlichkeiten jener Arbeit ausmachen.

„Unmöglich kann eine solche Lehre, welche mit den documentirten Resultaten der Erfahrung aller übrigen Aerzte im geraden Widerspruche steht und für sich nur hypothetisch ist, auch wenn sie nach den Grundsätzen des Strafrechts, — wie wir jedoch in bescheidenen Zweifel ziehen, — praktisch anwendbar wäre, den Gerichtshöfen Vertrauen einflösen. — Der Verfasser, dem dies nicht entgangen, lässt sich jedoch dadurch nicht irre machen. Er selbst sagt in seinem System der psychisch-gerichtlichen Medicin. Leipzig, 1825, p. 20, 21: „Es ist dermalen über die organische Natur der Geisteszerrüttungen nur Eine Stimme! Englische, Französische, Deutsche Aerzte und Nichtärzte, alle behaupten: der Wahnsinn ist organische Krankheit. Nur der Verfasser des Lehrbuchs der Störungen des Seelenlebens steht mit dem Schwerte des psychischen Princips ihnen allen ganz allein gegenüber!" — Wenn der Verfasser dies selbst zugiebt und dennoch verlangt, dass man seiner Hypothese Glauben schenken und seiner Weise, die Natur der Seelenstörungen zu deuten und die Mittel zu ihrer Beseitigung festzustellen, vertrauen, sogar aus derselben Anwendung auf die Ausübung der Strafrechtspflege machen — und künftig nicht bloss die That — sondern auch die geheimnissvolle Quelle und Veranlassung derselben, die Sünde, oder, was wesentlich ihm gleich gilt, die Seelenstörung strafen soll, so dürfen wir wohl fragen: Ob je ein Beispiel ähnlichen Selbstvertrauens unter Aerzten und Naturforschern vorgekommen ist?"

Berlin, den 31. Mai 1828.

Königl. wissenschaftliche Deputation für das Medicinal-Wesen.

Der eigentliche Herausgeber des Klug schen Buchs war also das Ministerium selber, und da eine ähnliche Veranlassung nicht weiter vorkam, so hat auch Herr Geheimrath Klug, obgleich er fast noch 30 Jahre Director der wissenschaftlichen Deputation blieb, dem ersten Bande einen zweiten nicht folgen lassen. Dass aber die wissenschaftl. Deputation selbst als Collegium jemals die Absicht oder den Wunsch gehabt oder geäussert haben sollte, als Collegium ihre Gutachten zu veröffentlichen, oder dieselben durch die betreffenden Referenten veröffentlichen zu lassen, ist bereits als gesetzlich und thatsächlich so unstatthaft nachgewiesen, dass darüber nichts weiter zu sagen ist.

Erst 18 Jahre später, unter dem Eichhorn schen Ministerium, ward wieder ein Gesuch um Erlaubniss zur Veröffentlichung amtlich erstatteter gerichtsärztlicher Gutachten eingereicht. Jetzt aber trat der umgekehrte Fall ein: der Minister nämlich bewilligte das Gesuch im Interesse der Wissenschaft, während das Medicinal-Collegium der Provinz Brandenburg eine solche Veröffentlichung als bedenklich zu erklären sich bemühte, freilich aber ohne Erfolg.

Die Gegenbemerkungen des Medicinal-Collegiums und die diese zurückweisende Ministerialverfügung dürfen hier nicht fehlen:

Bemerkungen des Medicinal-Collegii der Provinz Brandenburg gegen die anbefohlene Uebersendung von Gutachten.

Ew. Excellenz haben mittels verehrlichen Rescripts vom 13. Februar c. die am nämlichen Tage an den practischen Arzt, Wundarzt und Geburtshelfer Dr. K. zu G., in Bezug auf die von ihm zur Benutzung erbetenen Gutachten der Königl. wissenschaftlichen Deputation für das Medicinalwesen und der Königl. Medicinal-Collegien über Zurechnungsfähigkeit von Brandstiftern erlassene Hohe Verfügung uns mit der Anweisung hochgeneigtest mitgetheilt, dem genannten Arzte die von uns bearbeiteten Gutachten dieser Art auf sein Ansuchen zur Benutzung zu übersenden, und vor einigen Tagen ist das abschriftlich beigefügte Gesuch des Dr. K. vom 12. dieses Monats um Uebersendung sämmtlicher, sowohl von uns, als von den Kreisphysikern der Provinz abgegebenen Gutachten der gedachten Kategorie bei uns eingegangen. Indem wir aber die, zur Gewährung desselben in dem uns verstatteten Umfange nöthigen Vorbereitungen zu treffen im Begriff stehen, sind uns einige Bedenken aufgestiegen, welche Ew. Excellenz zuvor gehorsamst vorzutragen, wir uns für verpflichtet erachten.

Da in dem verehrlichen Rescripte, wonach dem Dr. K. die Gutachten zur Benutzung anvertraut werden sollen, einer Zu- und Rücksendung derselben gedacht ist, so glauben wir annehmen zu müssen, dass die betreffenden Actenstücke dem genannten Arzte originaliter mitgetheilt werden sollen. Eben hieran knüpfen sich jedoch mehrere, unsres Erachtens nicht unerhebliche, Uebelstände. Zuvörderst werden dadurch die Actenstücke dem Selbstgebrauche des Collegii für eine gewisse, nicht genau zu bestimmende Zeit, und vielleicht gerade dann, wenn ihre Einsicht den Mitgliedern bei einer gerichtlichen Requisition in einem analogen Falle wünschenswerth ist, entzogen. — Es erscheint uns ferner durch die Versendung von Original-Actenstücken an eine auswärtige Privatperson die Sicherheit der Acten selbst gefährdet, zumal es nicht an Beispielen fehlt, dass sogar bei Circulationen am Orte zuweilen Schriftstücke verloren gehen. — Die Einsicht der Original-Acten Privatpersonen unbeschränkt zu gestatten, dürfte aber besonders auch um deswillen nicht gerathen sein, da nicht nur die Namen der mit Abfassung der Gutachten beschäftigt gewesenen Referenten und Correferenten, sondern auch manche Emendirungen, monirende Verfügungen und andere innere Angelegenheiten des Collegii dadurch zu deren Kenntniss gelangen. — Es ist endlich wegen der Undeutlichkeit mancher Handschrift sogar ein Missverstehen einzelner Conceptstellen mit sich daran knüpfenden falschen Folgerungen zu besorgen, ein Uebelstand, zu dessen Ausgleichung die Munda der von uns erstatteten Gutachten von den betreffenden Referenten selbst vor der Absendung jedesmal genau revidirt werden.

Diesen Inconvenienzen würde sich nun zwar dadurch begegnen lassen, dass die Mittheilung der in Rede stehenden Gutachten nicht originaliter, sondern nur in Copieen geschehe, die auf Kosten des Dr. K. successiv angefertigt und vor ihrer Absendung gleichfalls von einem Mitgliede des Collegii revidirt würden. Allein auch selbst die uneingeschränkte Mittheilung von dergleichen Copieen dürfte in sofern nicht ganz unbedenklich erscheinen, als manche solcher Gutachten amtliche Aeusserungen über Physiker oder sonstige Medicinal-Personen enthalten, von denen nicht zu wünschen ist, dass sie zur Kenntniss von Privatpersonen oder wohl gar zur Publicität gelangen. Zwar ist uns unbekannt, ob und in wie weit der Dr. K. ermächtigt worden, die wissenschaftliche Benutzung der gedachten Gutachten auch auf eine Veröffentlichung ihres Inhalts auszudehnen; einige hierauf bezügliche besondere Bedenken haben sich uns indessen um so mehr aufdrängen müssen, als wir annehmen zu dürfen glauben, dass eine, diesen Gegenstand betreffende und uns zur Kenntnissnahme mitgetheilte, hohe Ministerial-Verfügung v. 3. April 1827 *), von der wir der Kürze halber eine Abschrift gehorsamst beizufügen uns erlauben, in dieser Beziehung uns noch gewisse Verpflichtungen auferlegt.

In wiefern der Dr. K. zu G. von seinem Standpunkte aus überhaupt für befähigt zu erachten sein dürfte, zur Lösung der in neuerer Zeit vielfach und von wissenschaftlich hochstehenden Aerzten erörterten Frage von dem sogenannten Brandstiftungstrieb wesentlich beizutragen, und in wie weit ihm, ausser der erforderlichen Sachkenntniss, Urtheilskraft und Gewandtheit, auch die nöthige Discretion bei Benutzung amtlicher Actenstücke zu diesem Behuf zuzutrauen sein möchte, solches zu beurtheilen massen wir uns auch nicht im Entferntesten an; wohl aber können wir, indem von Ew. Excellenz wir uns eine hochgeneigte Belehrung hinsichtlich obiger Bedenken gehorsamst erbitten, die Besorgniss nicht unterdrücken, dass von der gegenwärtigen grossen Zahl ärztlicher Schriftsteller manche die wissenschaftlichen Forschungen und mühsamen Arbeiten Anderer weniger zum Frommen der Wissenschaft, als aus egoistischen Zwecken und namentlich zu ihrem pecuniären Vortheil auszubeuten bestrebt sein möchten, vielleicht ohne in Bezug auf Vorstudien etc. eine andere Befähigung hierzu, als ihre Schreibelust und Schreibefertigkeit nachweisen zu können, — so dass das Beispiel des Dr. K., wenn es bekannt wird, viel Nachahmung wecken, und aus ferneren Bewilligungen dieser Art uns mindestens ein nicht unbeträchtlicher Zuwachs an Arbeit und manche Störung in unserm amtlichen Wirken erwachsen dürfte.

Wenn auch Ew. Excellenz diese unsere Bedenken für nicht ganz unerheblich zu erachten geruhen sollten, erlauben wir uns in Bezug auf den vorliegenden concreten Fall darauf die gehorsamste Bitte zu gründen:

es hochgeneigtest genehmigen zu wollen, dass wir dem Dr. K. die von ihm erbetenen Gutachten aus obigen Gründen nicht im Original, sondern in successiv auf seine Kosten zu fertigenden Abschriften, und auch in diesen nur in soweit zur Benutzung mittheilen, als die vorerwähnten und namentlich die durch das Rescript vom 3. April 1827 gebotenen Rücksichten es unbedenklich erscheinen lassen.

---

*) Siehe oben S. XIX, XX.

Dass wir unsererseits Gutachten der Kreisphysiker nicht mittheilen könnten, weil wir uns nicht im Besitze derselben befinden, würden wir dem p. Dr. K. dabei eröffnen.

Berlin, den 20. April 1846.

Das Medicinal-Collegium der Provinz Brandenburg.

(gez.) **Weil. Eck. Nicolai. Quincke. Schütz. Gedicke.**

An das Königl. Medicinal-Collegium hierselbst.

Auf den Bericht vom 20. vor. Mts. eröffnet das Ministerium dem Med.-Coll., dass der Zweck, zu welchem der Dr. K. zu G. die Mittheilung der bei den Medicinal-Collegien und der wissenschaftlichen Deputation für das Medicinalwesen niedergelegten Gutachten und Obergutachten über die Zurechnungsfähigkeit der Brandstifter sich erbeten hat, der von ihm abgegebenen Erklärung zufolge, allein der ist, diese Gutachten zu einer wissenschaftlichen Arbeit über den Brandstiftungstrieb zu benutzen. Er hat dabei nicht allein die Berücksichtigung des strengsten Anstandes in Beziehung auf die Verfasser der Gutachten, sondern auch versprochen, letztere nur auszugsweise mitzutheilen. Unter diesen Umständen hat das Ministerium kein Bedenken getragen, den Antrag zu genehmigen und die Medicinal-Collegien und die wissenschaftliche Deputation zur Uebersendung der betreffenden Gutachten an den p. Dr. K. zu veranlassen. Die Art, dieses zu bewerkstelligen nnd den Verhältnissen entsprechend einzurichten, und zwar so, dass einerseits die Medicinal-Collegien und deren Registraturen nicht allzusehr belästigt werden, andrerseits aber auch dem p. Dr. K. die Benutzung des vorhandenen Materials nicht mehr als nöthig erschwert oder ganz unmöglich gemacht wird, kann nur der Einsicht der betreffenden Behörden überlassen werden.

In Beziehung auf den vorliegenden Bericht des Medic.-Coll. findet das Ministerium sich zu folgenden Bemerkungen veranlasst:

Der abschriftlich vorgelegte Erlass des verewigten Geh. St.-Ministers Frh. v. Altenstein an den Ober-Präsidenten v. Bassewitz vom 3. April 1827 erscheint auf den gegenwärtigen Fall nicht anwendbar, weil der p. Dr. K. nur die Einsicht der Gutachten Behufs einer wissenschaftlichen Arbeit beabsichtigt, dieselben auch nicht vollständig, sondern nur auszugsweise veröffentlichen will. Schon hierdurch sind, mit Ausnahme des ersten, sämmtliche Punkte des bezeichneten Erlasses erledigt. Wenn aber selbst die theilweise Benutzung der Gutachten aus neuerer Zeit nicht angemessen erscheinen sollte, so ist es ganz dem Ermessen des Med.-Coll. überlassen, solche, so wie überhaupt Gutachten, deren Veröffentlichung in irgend einer Beziehung Bedenken unterliegen möchte, zurückzuhalten und nicht mitzutheilen. Letzteres würde aber nur dann möglich sein, wenn, wie auch in der Verfügung vom 13. Febr. d. J. vorausgesetzt worden ist, nur die einzelnen Gutachten aus den Acten genommen, und nicht die vollständigen Actenstücke überschickt werden, gegen deren Mittheilung nach der Ausführung des Med.-Coll. allerdings Manches einzuwenden sein dürfte. Dann aber werden die Gutachten, da dieselben leicht auf einige Zeit entbehrt werden können, auch in den Originalen, und nur von solchen, welche so unleserlich geschrieben sind, dass ein Missverständniss zu befürchten steht, oder deren Mittheilung ihrem ganzen Inhalte nach bedenklich erscheint, Abschriften und Auszüge auf Kosten des p. Dr. K., wenn er es wünschen sollte, mitzutheilen und vor der Absendung von einem Mitgliede des Med.-Coll. zu revidiren sein. Inwiefern der p. Dr. K. zur Lösung der in Rede stehenden wichtigen Frage wesentlich beizutragen befähigt ist und ausser der erforderlichen Sachkenntniss auch die nöthige Gewandtheit zu discreter Benutzung amtlicher Actenstücke besitzt, hat zwar hier nicht näher untersucht werden können; zu seinen Gunsten spricht indess, dass er längere Zeit hindurch die gerichtsärztlichen Geschäfte im Kreise G. besorgt hat. Auch ist die von ihm in einem, der wissenschaftlichen Deputation schon im Jahre 1843 zur Begutachtung vorgelegten wichtigen Falle, die Zurechnungsfähigkeit eines Mörders seiner schwangern Ehefrau betreffend, bei der Untersuchung bewiesene Sorgfalt nicht unbemerkt geblieben, sowie endlich der Umstand, dass er dem Prof. Dr. Baum zu Greifswald näher bekannt und, nach seiner wohl glaubwürdigen Versicherung, von diesem zu der fraglichen wissenschaftlichen Arbeit ermuntert worden ist, wonach wenigstens die Befürchtung des Med.-Coll., er möge weniger zum Frommen der Wissenschaft, als aus egoistischen Zwecken und zu pecuniärem Vortheil die wissenschaftlichen Forschungen und mühsamen Arbeiten Anderer auszubeuten bestrebt sein und eine andere Befähigung als Schreibelust und Schreibefertigkeit nicht nachweisen können, nicht für begründet zu erachten, vielmehr der Erfolg abzuwarten sein dürfte. Auch die Besorgniss des Med.-Coll., dass das Beispiel des p. Dr. K., wenn es bekannt wird, viel Nachahmung wecken, und aus ferneren Bewilligungen dieser Art dem Med.-Coll. ein nicht unbeträchtlicher Zuwachs an Arbeit, und manche Störung im amtlichen Wirken erwachsen werde, kann das Ministerium nicht theilen. Bis jetzt sind dergleichen Anträge nur selten vorgekommen, und es ist davon in den einzelnen Fällen, die fast allein die wissenschaftliche Deputation für das Medicinalwesen betreffen, eine Belästigung nicht bemerkt worden.

Bei Ertheilungen solcher Genehmigungen wird aber auch ferner, wie bisher, die erforderliche Rücksicht nicht unbeachtet bleiben, und es ist eine Nachtheil bringende Vervielfältigung derselben nicht zu befürchten.

Hiernach kann das Ministerium das Med.-Coll. nur wiederholt veranlassen, dem Dr. K., wie solches auch seitens der wissenschaftl. Deputation für das Medicinalwesen geschehen ist, die einzelnen Gutachten, insofern kein einzelnes Bedenken dabei obwaltet, in den Originalen, ausserdem auf sein Verlangen in correcten Abschriften oder Auszügen mitzutheilen und mit der speciellen Besorgung dieses Geschäfts ein Mitglied des Collegiums zu beauftragen.

Berlin, den 28. Mai 1846.

Ministerium etc.

(gez.) Eichhorn.

Es verdient hervorgehoben zu werden, dass die erste Concession, welche das Eichhornsche Ministerium der freien Wissenschaft machte, die Veröffentlichung amtlich erstatteter Gutachten durch einen nicht beamteten Arzt betraf, und dass gerade diejenige Medicinal-Behörde gegen eine solche Erlaubniss Widerspruch erhob, welche sie früher gleichfalls im wissenschaftlichen Interesse für sich selbst in Anspruch genommen hatte. Von weit grösserer und allgemeinerer Wichtigkeit ist jedoch der Umstand, dass gerade zu jener Zeit der bisherige Grundsatz der heimlichen Verwaltung einen Umschwung erfuhr, dass sich aber gegen einen solchen im Ministerium selbst eine bureaukratische Reaction entwickelte, an welcher die guten Absichten der Minister scheiterten. Die Geschichte dieses Umschwungs und dieser Reaction ist zugleich die Geschichte dieses Buchs. Eine ausführliche Mittheilung derselben bin ich mir selbst schuldig; ich darf aber auch annehmen, dass sie dem Leser willkommen sein wird — als Spiegel einer hinter uns liegenden Zeit, aus welcher wir Vieles lernen können und nichts vergessen sollten.

Als das Ministerium im Jahre 1844 anfing, sich ernstlich mit den Vorarbeiten zu einer Reorganisation des Medicinalwesens in Preussen zu beschäftigen, hielt ich es für zweckmässig, ein Organ zu gründen, in welchem die wissenschaftlichen und materiellen

Interessen des ärztlichen Standes besprochen, zugleich aber auch der Regierung brauchbares Material für ihren Gesetzentwurf zugeführt würde. Nach Rücksprache mit Herrn v. Ladenberg, welcher damals Director der Medicinalabtheilung im Medicinalministerium war und mich bereits seit seinem Eintritte in dieses Amt mit seinem Wohlwollen und Vertrauen beehrt hatte, reichte ich daher im October 1844 bei dem Oberpräsidenten ein Gesuch um die damals gesetzlich erforderliche Concession zu einer medicinischen Wochenschrift ein und erhielt bald darauf die Vorbescheidung, „dass, da in Bezug auf meine sittliche und wissenschaftliche Qualification ein Bedenken nicht vorliege, die bestätigende Verfügung auf die dem Ministerium des Innern nach bestehender Vorschrift bereits gemachte befürwortende Anzeige binnen Kurzem zu erwarten sei." Die Bestätigung erfolgte nicht. Dem Herrn Minister des Innern erschien vielmehr in dem von mir eingereichten Prospectus eine Rubrik, in welcher ich die Wirksamkeit resp. Unthätigkeit der hohen und höchsten Medicinalbeamten in den Kreis einer loyalen Kritik hereinziehen zu wollen erklärte, so bedenklich, dass er darüber eine Mittheilung an das Medicinalministerium machen und dessen Ansicht sich erbitten zu müssen glaubte. Er für seine Person erklärte sich für die unbedingte Versagung der nachgesuchten Concession. Im Medicinalministerium, in welchem Herr v. Ladenberg und Schönlein zu meinen Gunsten mit Wärme sich aussprachen, drang die Ansicht durch, dass die nachgesuchte Concession mir zu gewähren sei, der dem Herrn Minister des Innern anstössige Passus aber aus dem Prospectus wegbleiben müsse. Der mit Concipirung der an den Minister des Innern zu richtenden Rückäusserung beauftragte Rath schloss diese mit folgenden Sätzen:

— „Dagegen muss ich mich gegen das Unternehmen, welches die oben bezeichneten Gränzen einer wissenschaftlichen Discussion überschreitet, mithin gegen die Herausgabe des sub VII des Prospectus aufgeführten Feuilletons entschieden erklären. Der Ton, in welchem der bezügliche Passus in dem Prospectus abgefasst ist, bekundet unverkennbar die Absicht persönlicher Invectiven und Schmähungen in einer Art und Weise, welche der Würde der Wissenschaft Hohn spricht, den achtbaren Mitgliedern des ärztlichen Standes ein Aergerniss giebt und nur dazu geeignet ist, die der ärztlichen Kunst und den dieselbe repräsentirenden Personen gebührende Achtung auf eine durchaus ungeziemende Weise in den Augen des Publikums zu schmälern."

Herr v. Ladenberg änderte diesen Schluss in folgender Weise:

— „Dagegen muss ich mich gegen das Unternehmen, in sofern es die oben bezeichneten Gränzen einer wissenschaftlichen Discussion überschreitet, mithin gegen die Aufnahme des sub VII des Prospectus aufgeführten Feuilletons in die beabsichtigte neue Wochenschrift entschieden erklären. Der Ton, in welchem der bezügliche Passus in dem Prospectus abgefasst ist, bekundet unverkennbar die Absicht persönlicher Invectiven und Schmähungen in einer Art und Weise, welche der Würde der Wissenschaft nicht geziemt, achtbaren Mitgliedern des ärztlichen Standes ein Aergerniss giebt und dazu geeignet erscheint, die der ärztlichen Kunst und den dieselbe repräsentirenden Personen gebührende Achtung auf eine ungeeignete Weise in den Augen des Publikums zu schmälern."

Der Herr Minister des Innern fand sich durch diese Rückäusserung nicht befriedigt und daher auch nicht bewogen, mir die nachgesuchte Concession überhaupt zu ertheilen. Er hielt vielmehr über diesen Conflict zwischen ihm und dem Medicinalminister Sr. Majestät dem König Vortrag; und das Resultat dieses Schrittes war die nachstehende Verfügung an den Oberpräsidenten.

„Ew. Hochwohlgeboren erhalten hierbei auf den gefälligen Bericht vom 15. November v. J.,

die Herausgabe einer neuen medicinischen Zeitschrift von dem Dr. Kalisch betreffend,

nachdem ich darüber Sr. Majestät dem König Vortrag gehalten habe, die in Gemässheit der ertheilten Allerhöchsten Genehmigung für den Dr. Kalisch ausgefertigte Concession zur gefälligen Zustellung an denselben.

Berlin, den 22. März 1845.

Der Minister des Innern:
(gez.) Graf v. **Arnim.**

An den Königl. Ober-Präsidenten
Herrn v. Meding, Hochwohlgeboren hier."

In Folge dieser Verzögerung konnte meine Zeitschrift „der Mediciner" erst vom Januar 1846 an erscheinen. Bereits in No. 8 derselben vom 21. Februar begann ich meine Ansichten „über die Medicinalreform in Preussen" in einer Reihenfolge leitender Artikel auszusprechen.

„Wir dürfen uns nicht verhehlen — sagte ich — dass, wenn unsere Regierung, wie es nicht zu bezweifeln ist, bei der neuen Medicinalverfassung das Wohl des Staats mit dem des ärztlichen Standes möglichst verbinden will, sie gut thun würde, diesem Gelegenheit zu geben, sich über seine Wünsche freimüthig auszusprechen, um Manches zur Kenntniss zu bringen, was in den hohen Regionen des Gesetzgebers unbekannt ist, oder ihm verheimlicht wird. Ist es ja auch umgekehrt der Fall, dass manche entfernt Stehende die falsche Meinung haben, am Ministertische werde über ihr Wohl und Wehe ohne warmes Interesse für ihr Bestes und ohne reifliches Erwägen des Für und Wider nach den Eingebungen des Augenblicks oder den Ansichten der Begünstigten entschieden; warum sollte also das Vertrauen, welches bei so Vielen nur ein dunkles Gefühl ist, nicht bei Allen zu einem klaren Bewusstsein erhoben werden, indem der Gesetzgeber statt des fertigen Gesetzes den Entwurf mit seinen Motiven den Betheiligten übergiebt. Dies mag bei vielen Zweigen der Staatsverwaltung unangemessen erscheinen, wohl aber schwerlich bei der vorliegenden Medicinalreform, die es doch nur mit einer intelligenten und verhältnissmässig nicht sehr grossen Klasse der Staatsbürger zu thun hat, welche jedes Opfer zu bringen gewiss bereit ist, wenn sie, das allgemeine Beste dadurch fördern zu helfen, überzeugt wird. M ö g e u n s d a h e r d a s h o h e K ö n i g l i c h e M i n i s t e r i u m d e r M e d i c i n a l - A n g e l e g e n h e i t e n d e n W u n s c h g e s t a t t e n, d a s s d e r E n t w u r f d e r M e d i c i n a l r e f o r m v o r s e i n e r E r h e b u n g z u m G e s e t z i r g e n d w i e d e r O e f f e n t l i c h k e i t ü b e r g e b e n, u n d e i n f r e i m ü t h i g e s U r t h e i l ü b e r d e n s e l b e n g ü t i g a u f g e n o m m e n w e r d e."

Schon nach wenigen Tagen theilte Herr v. L a d e n b e r g mir mit, dass der Minister E i c h h o r n meinen ausgesprochenen Wunsch in Erwägung zu ziehen geneigt sei; und in der That erschien auch im Juli desselben Jahres die Schrift: „Die Reform der Medicinalverfassung Preussens von Dr. Joseph Hermann Schmidt, Königl. Geheimen Medicinalrath und Professor."

War denn nun aber durch diese Schrift wirklich meinem Wunsche entsprochen?

In dem Vorwort zu derselben sagt der Verfasser:

„Von meinem hohen Chef, dem Königl. wirklichen Geheimen Staats- und Minister der geistlichen, Unterrichts- und Medicinal-Angelegenheiten, Herrn Dr. Eichhorn Excellenz, mit der Ausarbeitung des Entwurfs zu einem neuen Medicinal-Edicte beauftragt, fühle ich die ganze Schwierigkeit, die ganze Verantwortlichkeit dieser ehrenvollen Aufgabe. Sie ist eingreifend in das Schicksal der kranken Menschheit, in die Interessen des ärztlichen Standes, in die Forderungen der heutigen Wissenschaft. Ihre Wirkungen dehnen sich weit und tief in den Raum und die Zeit hinein. Der Nothruf des Inlandes, die Aufmerksamkeit des Auslandes sind auf sie gerichtet; die Pietät gegen die Vergangenheit ist bei ihr betheiligt, die Gegenwart will sie so gelöst wissen, dass nicht abermals nach 20 Jahren, sondern erst in ferner Zukunft eine Reform nöthig werde. Die Achtung vor solchen Gründen gebietet und die Erfindung der Buchdruckerkunst erleichtert die äusserste Vorsicht.

Darum habe ich meinen hohen Chef, welcher die Oeffentlichkeit nicht scheut, um die Erlaubniss gebeten, vorab der Wissenschaft zu bringen, was der Wissenschaft ist (die Principien), und demnächst der Verwaltung zu bringen, was der Verwaltung angehört (den Gesetzentwurf und die Instructionen).

Diese Erlaubniss ist mir geworden. Die hier der Gelehrten-Republik und dem gebildeten Publikum übergebenen Denkschriften enthalten meine unmaassgeblichen individuellen Ansichten. Sie sind von des Herrn Ministers Excellenz weder genehmigt, noch verworfen, auch bis jetzt überhaupt durch keine höhere Instanz geprüft. Der Herr Director und die Herren vortragenden Räthe der gleichbetheiligten Unterrichts- und Medicinal-Abtheilung des Ministeriums haben sich noch nicht über dieselben ausgesprochen. Alle Fehler fallen keinem Andern zur Last, als mir selber."

Nicht also der amtliche Entwurf des neuen Medicinaledicts, sondern lediglich die Privatansicht des Herrn Dr. Schmidt über die wissenschaftlichen Principien, nach welchen er den ihm übertragenen Gesetzentwurf zu bearbeiten die Absicht hatte, wenn er nicht zuvor durch bessere eines andern belehrt werden würde, wurde von ihm der Oeffentlichkeit übergeben; und wenn dieser Umstand an sich keinen anderweitigen Nachtheil gehabt haben würde, als dass die schon überreiche Literatur über die Medicinalreform um eine Schrift bereichert wurde, so bestand ein weit grösserer Nachtheil darin, dass die Ansichten des Verfassers zu einem praktischen Resultate und der von ihm eingeschlagene Weg zu einem auch nur im Entferntesten guten Medicinalgesetz zu führen, nicht geeignet waren.

Es war daher kein grosses Verdienst, aber destomehr eine unabweisbare Pflicht, den Privatansichten des Verfassers entgegenzutreten und „alle die Fehler, die keinem Andern, als ihm selber zur Last fielen“, aufzudecken. Dass er dies ausdrücklich sich erbeten und sogar als den einzigen Zweck seiner Schrift bezeichnet hatte, hielt ich damals für aufrichtig gemeint. Und so besprach ich denn in meinem „Mediciner“ vom 2. Januar 1847 an die Schmidtsche Reformschrift in einer Reihe von Artikeln, deren wesentlichste Sätze folgendermassen lauteten:

„Der gemeinschaftliche Fehler der Reformliteratur ist die Einseitigkeit des eingenommenen Standpunktes; und wie lobenswerthe Gesinnungen, wie ehrenwerthe Bestrebungen, wie emsige Nachforschungen, wie überzeugende Auseinandersetzungen von den einzelnen Autoren an den Tag gelegt werden: so haben doch alle den höheren Standpunkt des staatlichen Organismus nicht erreicht und daher Entwürfe aufgestellt, denen, abgesehen von ihrem relativen Werth, das belebende Princip — ihr lebendiger Zusammenhang mit der individuellen Staatseinheit — fehlt. Auch die Arbeit Schmidts trägt diesen Charakter des isolirten Optimismus an sich und giebt sich dadurch als das zu erkennen, wofür sie der Verfasser ausdrücklich erklärt, nämlich als seine „unmaassgebliche individuelle Ansicht, die bis jetzt durch keine höhere Instanz geprüft worden.“ Die officielle Eigenschaft jenes Entwurfs, durch welche er eine besondere Wichtigkeit erlangt und die allgemeine Aufmerksamkeit auf sich gezogen hat, liegt nicht in seinem Inhalt, sondern in seiner Bestimmung, der höchsten Behörde zur Prüfung vorgelegt zu werden; wie aber diese ausfallen, und wie ihr Resultat den Entwurf verändern werde, hängt eben von der Nothwendigkeit ab, die Medicinalverfassung mit dem gesammten Organismus der Staatsverfassung in einen lebendigen Zusammenhang zu bringen. Der humane und wissenschaftliche Gesichtspunkt, den der Autor durchweg festhält, gereicht seiner Gesinnung zur Ehre und seinen Vorschlägen zum Lobe; allein der wirkliche Staat ist leider noch nicht der absolut vollkommene, und was er für seine Gesammtheit zu thun hat, kann er immer nur durch die beste Vertheilung der Kräfte und Mittel unter die verschiedenen Sphären allmälig zum Ziele führen. Was demnach dem einzelnen Stimmabgeber in seinem Kreise theoretisch als summum jus erscheint, muss oft von dem das Ganze überschauenden Gesetzgeber praktisch als summa injuria verworfen werden."

„Menschenfreundliche Gesinnungen und der Wissenschaft entlehnte Principien sind allerdings die idealen und wünschenswerthen, aber wohl nur selten die zu erreichenden Grundlagen der positiven Gesetzgebung. Das ist ja eben die schwere und erhabene Aufgabe der letzteren, die Bedürfnisse der Gesammtheit nicht zu gefährden, um bei den vorliegenden Einzelheiten den angenehmen Regungen des Wohlthuns und den relativen Ansprüchen der Wissenschaft genug zu thun. Darum hat auch die Schmidtsche Schrift bei den jüngeren Aerzten, welche in der Welt der Phantasie mit Wohlbehagen träumen, einen grossen Jubel erregt, aber sie auch zugleich zu grösseren Anforderungen ermuntert. Die Principien nimmt man unverändert gern an, doch will man die Anwendung vervollständigen; und zu dieser Vervollständigung werden Dinge gerechnet, welche in der That ans Lächerliche streifen. Und vielleicht schlimmer noch ist der Umstand, dass die in Rede stehende Schrift theils durch ihr Motto, theils durch einzelne, etwas grelle Färbungen, theils durch ironische Behandlungsweise zu der gewiss irrigen Meinung verleitet, als sei unsere jetzige Medicinalverfassung eine durchaus schlechte, als dürfe von ihrem Baue auch nicht ein Stein übrig bleiben, als sei sie an der Noth des ärztlichen Standes schuld, und als werde diese durch die Reform beseitigt werden."

„Nicht die wissenschaftliche Welt, sondern die preussische Staatsregierung wird Schmidt zur Umkehr nöthigen, und die Principien, welche der Professor Schmidt der Wissenschaft vindicirt, wird der Geheimrath Schmidt nicht benutzen, oder doch nicht als maassgebend anwenden können. Die Classification des ärztlichen Personals, die er im Namen der Wissenschaft verwirft, wird sich im Namen der Verwaltung an ihm selbst rächen. Sollte ein künftiger Entwurf zur Oeffentlichkeit kommen, so wird man sehen, wie ein und derselbe Mann in einer und derselben Sache in zwei Classen zerfällt, je nachdem er die Anforderungen der Wissenschaft und eines Standes dem Staate gegenüber, oder den Staat jenen Anforderungen gegenüber zu vertreten hat."

Schon die nächste Zeit bestätigte meine ausgesprochenen Besorgnisse. Kaum war nämlich in Folge der Märzereignisse den entzügelten Leidenschaften die schrankenlose Presse eröffnet, so verwandelte sich die früher dem Herrn Geheimrath Schmidt so allgemein gezollte Huldigung in die bittersten Angriffe; und gerade seine bisherigen eifrigsten Lobredner wurden seine entschiedensten Gegner. Die demokratische Medicin, welche seine Reformschrift als ein schönes und erreichbares Ideal hingestellt hatte, verläugnete ihn bei den ersten Schritten, welche sie zu ihrer Verwirklichung thun zu können und thun zu müssen glaubte. Und so fand ich mich denn bereits am 1. April bewogen, in No. 13 meines „Mediciners" an das ärztliche Publikum folgenden Mahnungsruf zu richten:

„Bei der plötzlichen Umgestaltung des bisherigen Regierungssystems ist es zunächst das Gesammtinteresse des wiedergeborenen deutschen Volkes, welches unsere ganze Aufmerksamkeit und geistige Thätigkeit in Anspruch nimmt; und wie wir alle Mann zu Mann zusammenhalten müssen, um das gemeinschaftlich Errungene gemeinschaftlich zu erhalten und zu vertheidigen, so darf auch der einzelne Stand noch nicht daran denken, den Sieg der guten Sache für sich auszubeuten, bis die befestigte Ordnung den Segen der Freiheit in die organische Gliederung der Gesellschaft wie einen lebendigen Strom ergiessen wird. Man verlange nicht die Aerndte zugleich mit der Saat und nicht eine lebensfähige Frucht unmittelbar nach der Empfängniss."

Ob meine damals vollständig vereinzelte Stimme mit der Zeit einen Eindruck gemacht, oder ob sie die Unterstützung Gleichgesinnter gefunden haben würde, muss natürlich dahingestellt bleiben; für den Augenblick war es das Ministerium selbst, welches die bereits hochgehenden Wogen der allgemeinen Aufregung durch eine verfehlte Maassregel in einen bedenklichen Sturm verwandelte.

Der Staatsanzeiger vom 27. Mai brachte nämlich folgende amtliche Erklärung:

„Wenn die beabsichtigte Medicinalreform bisher nicht zur Ausführung gelangte, so lag der Grund dieser Zögerung nicht in der Centralbehörde. Das Ministerium hatte bereits im Juli 1846 nicht nur die Gutachten der Ober-Präsidien, Medicinal-Collegien, Regierungen und medicinischen Facultäten veranlasst, sondern auch auf geeignete Weise die Betheiligung des gesammten gebildeten, namentlich des ärztlichen Publikums möglich gemacht. Während die meisten der genannten Behörden in einer, dem wichtigen Gegenstande angemessenen Zeit die ihnen gestellte Aufgabe erledigten, auch die medicinische Presse besondere Ansprüche auf den Dank des Ministeriums sich erwarb, blieben die medicinischen Facultäten zweier Universitäten und eine Regierung, ungeachtet wiederholter Erinnerungen, bis auf die neueste Zeit im Rückstande. Diese allein tragen die Schuld des Aufschubs, denn der Centralbehörde war es nicht zu verdenken, dass sie auf das Votum so competenter Körperschaften nicht verzichtete.

Nach dem nunmehr jedoch bald zu erwartenden Eingange dieser noch fehlenden Materialien wird auf dem eingeschlagenen Wege möglichst schnell weitergegangen werden, wobei selbstredend allen denen, welche die Sache auf dem Wege eines medicinischen Congresses noch zu berathen wünschen, überlassen bleibt, vom freien Associationsrechte Gebrauch zu machen und ihre Wünsche und Vorschläge auch jetzt noch baldigst einzureichen. Das Ministerium wird inzwischen die Sammlung eines sehr umfangreichen und zum Theil sehr werthvollen Materials, welches schon jetzt in officiellen Berichten, aber auch in geschriebenen und gedruckten Abhandlungen gelehrter Gesellschaften und sachverständiger Privatpersonen vorliegt, sorgfältig benutzen, um durch Zusammenstellung der verschiedenen Ansichten, nicht nach blosser Stimmenzählung, sondern nach dem Gewicht der Motive die richtige Linie zu finden. Dass dieses keine leichte, sondern Vorsicht erfordernde Arbeit ist, wird jeder billig ermessen, welcher nicht nur an die anderweiten, für den Chef des Ministeriums in dessen verschiedenen Ressorts jetzt vorliegenden grossen Aufgaben, sondern auch daran denken will, dass in Dingen, die mit der Wissenschaft zusammenhängen, nicht Ueberredung, sondern Ueberzeugung gilt, die letztere aber Gründe und Zeit erfordert."

Dieses erste Lebenszeichen des constitutionellen Ministeriums in Bezug auf die Medicinalreform war ein in doppelter Beziehung verunglückter Versuch, die Vergangenheit in die Zukunft überzuführen. Die Entschuldigung für das frühere Ministerium sah weit mehr einem dünnverhüllten Tadel, als einer wohlbegründeten Rechtfertigung ähnlich. Ausserdem aber war ohne jede dringende Veranlassung eine amtliche Provocation zur Benutzung des freien Associationsrechtes und zur Forderung eines allgemeinen ärztlichen Congresses hingestellt. Die unmittelbaren Folgen dieses officiellen Artikels, dessen Verfasser nicht einen Augenblick verkannt werden konnte, liessen denn auch nicht lang auf sich warten; mir aber schien es zweifellos, dass eine wohlthätige Reform des Medicinalwesens unter den obwaltenden Umständen nicht möglich und überhaupt vorläufig nicht zu erwarten war.

Ich fügte demnach dem Abdruck des erwähnten ministeriellen Artikels in meinem „Mediciner" vom 1. Juli 1848 die nachstehenden Bemerkungen hinzu:

„Das Staatsministerium ist unter den jetzigen Verhältnissen nicht mehr competent, eine neue Medicinalverfassung ohne Beirath der Volksvertretung gesetzlich sanctioniren zu lassen, und so wird es wohl noch eine Zeitlang beim Alten bleiben, mit Ausnahme einzelner provisorischer Abänderungen, welche in Form specieller Verordnungen momentane Bedürfnisse befriedigen oder besonders hervorstechende Uebelstände und Missbräuche beseitigen sollen.

Hiermit steht indess die obige ministerielle Erklärung in offenbarem Widerspruch, denn nach ihr soll das Verfahren der früheren Verwaltung nur durch zufällige Umstände unterbrochen und verzögert worden sein, jetzt aber wieder aufgenommen und zu Ende geführt werden. Es wäre dies ein gar schlimmes Versprechen, wenn seine Erfüllung zu fürchten wäre, allein wir sind überzeugt, dass das neue Ministerium, oder, wenn auch dieses noch nicht, ein späteres diesen Weg verlassen und die künftige Medicinalverfassung auf andere Grundlagen aufbauen wird. Eine ausführlichere Erörterung dieser nur aphoristischen Bemerkungen wollen wir uns vorbehalten."

Sechs Tage später, am 6. Juli 1848, brachte der Staatsanzeiger folgende Anzeige:

„Se. Majestät der König haben allergnädigst geruht, dem Staatsminister Rodbertus die nachgesuchte Dienstentlassung in Gnaden zu ertheilen, und die Leitung des Ministeriums der geistlichen, Unterrichts- und Medicinal-Angelegenheiten interimistisch dem Ministerial-Director, Wirklichen Geheimen Ober-Regierungsrath v. Ladenberg zu übertragen."

Die Aufgabe, welche ich mir bei der Herausgabe meines „Mediciners" gestellt hatte, war durch den Amtsantritt des Herrn v. Ladenberg als Chef des Medicinalwesens in sofern erledigt, als sein persönliches Verhältniss zu mir ihn in den Stand setzte, jederzeit meine Ansichten über die von ihm ergriffenen und zu ergreifenden Maassregeln zu fordern, meine innigste und aufrichtigste Verehrung für ihn mir aber nicht gestattete, mein freimüthiges, oder wohl gar tadelndes Urtheil über sein Ministerium anders als ihm selbst auszusprechen. Hierzu konnte natürlich nur er selbst mir die Befugniss ertheilen.

Und so machte ich bereits in der nächsten Nummer des „Mediciners" vom 8. Juli folgende Anzeige:

„Der Mediciner findet sich veranlasst, vorläufig mit dieser Nummer von seinen Lesern Abschied zu nehmen."

Wenige Tage darauf liess Herr v. Ladenberg mich zu sich

rufen. Das Resultat dieses Besuchs wird man am besten aus nachstehender Correspondenz ersehen.

Hochverehrter Herr Präsident!

In Folge unserer gestrigen Unterredung erlaube ich mir, Ew. Hochwohlgeboren nachfolgendes Concept meines Petitums einzureichen, welches ich, wenn es Ihre Genehmigung erhält, sodann officiell an das Medicinal-Ministerium adressiren werde. Zu diesem Zwecke werden Sie wohl die Güte haben, bei der geneigten Antwort dieses Gesuch, von welchem ich keine Abschrift nehme, mir zurückzusenden und eine etwa gewünschte Abänderung randlich zu vermerken.

Berlin, d. 19. Juli 1848.

Mit innigster Verehrung

Dr. Kalisch.

Concept.

Hohes Ministerium!

Die Tagespresse, welche fast ausschliesslich zu egoistischen Zwecken ausgebeutet wird, hat nunmehr angefangen, auch der schwebenden Frage über die vorbereitete Medicinal-Reform sich zu bemächtigen. Mag es hierbei immerhin selbst die freisinnigste Regierung ihrer unwürdig erachten, thörichten und daher vorübergehenden Parteibestrebungen amtlich entgegen zu treten; mag sie es vielleicht sogar gern sehen, dass im offenen Streit der Betheiligten das Unlautere zur Erscheinung kommt und sich am gesunden Sinne der intelligenten Bevölkerung den Stachel abschleift, so kann es ihr doch im Interesse der guten Sache nicht gleichgültig sein, wenn eine gleichsam epidemische Erregbarkeit der Gemüther dazu missbraucht wird, zunächst unwahre Thatsachen keck zu behaupten und dann weiter diese zu trügerischen Auslegungen zu benutzen. — Nicht gegen die Lüge an sich, welche von der Zeit überwunden wird, sondern zur Abkürzung dieser Zeit, während welcher jene Lüge auf die Unerfahrenen und Leichtgläubigen schädlich einwirkt, dürfte das Einschreiten der höchsten Behörde wünschenswerth, ja unter den gegenwärtigen politischen Verhältnissen nothwendig sein. Hierzu giebt es, wie ich glaube, ein einfaches, aber vollkommen ausreichendes Mittel, und dies besteht darin, der öffentlichen Meinung die Wahrheit so zugänglich zu machen, dass letztere ihr Recht selbst verfechte. Ist nur erst der Boden gewonnen, auf welchem die Vertheidiger des Rechtes festen Fuss fassen können, dann wird den Vorkämpfern des Schlechten gar bald die Angriffswaffe entrissen sein.

Verschmäht es also auch das hohe Medicinal-Ministerium mit Recht, durch officielle Organe den Augiasstall der gemeinen Tagesliteratur selbstthätig reinigen zu wollen, so dürfte dasselbe doch wohl berufen sein, die Wohlgesinnten, zugleich aber der wahren Sachverhältnisse Unkundigen gegen den trüben Eindruck lügnerischer Behauptungen und trügerischer Auslegungen zu schützen, dadurch nämlich, dass es die in amtlicher Zurückgezogenheit fliessenden Quellen der Wahrheit ihren erquickenden und befruchtenden Inhalt frei und offen an das Tageslicht ausströmen lässt.

Dass über das so kund Gewordene ein freies, d. h. ehrliches Urtheil gestattet wird, dass etwaige Mängel hervorgehoben, zweckmässige Veränderungen vorgeschlagen, eingeschlichene Missbräuche gerügt werden dürfen, ja sollen, versteht sich von selbst; denn eben um es der competenten Beurtheilung zu übergeben, tritt die Regierung mit ihrem Material hervor, damit sie nicht erst hinter dem mühsam erreichten Ziel die verdiente Anerkennung, sondern bereits auf dem Wege zu demselben eine erwünschte Unterstützung finde. Darf ich nun einerseits für diese Ansicht die Zustimmung eines hohen Ministerii als wahrscheinlich annehmen*), so will ich andererseits, mit Rücksicht auf meine bisherigen literarischen Bestrebungen, der Hoffnung Raum geben, dass mein Anerbieten: die Wahrheit und das Recht öffentlich zu vertreten, sowie meine Bitte: von einem hohen Ministerio dabei geneigtest unterstützt zu werden, bei demselben williges Gehör finden werde.

Ich habe nämlich die Absicht, unter entsprechendem Titel zwanglose Hefte herauszugeben, in welchen das Material des Ministerii für die bevorstehende Medicinal-Reform übersichtlich und gutachtlich besprochen wird. Zu diesem Stoffe gehört nun Alles, was dem Ministerium unmittelbar auf dem Verwaltungswege oder durch Eingaben von Vereinen oder in Votis von Einzelnen zugegangen und in seinem Archiv actenmässig gesammelt ist. Mein Gesuch geht also dahin:

> Ein hohes Medicinal-Ministerium wolle geneigtest mir die Einsicht dieser Acten und ihre eventuelle Benutzung für den vollständigen oder auszugsweisen Abdruck gestatten.

Das ärztliche Publikum wird sich dann leicht überzeugen, dass sein Wohl, in wissenschaftlicher, wie in materieller Beziehung, von der höchsten Behörde im Sinne der wahren Freiheit, d. h. in den Gränzen der das allgemeine Beste des Staats und besonders der den Aerzten von diesem anvertrauten kranken Bevölkerung im Auge behaltenden Besonnenheit, gewahrt und gefördert wird. Die leidenschaftlichen Aufreizungen der theils böswilligen, theils im Irrthum befangenen Verfechter von Sonderinteressen werden bald verstum-

*) Zu dieser Stelle schrieb Hr. v. Ladenberg am Rande: **Ja.**

men oder doch wirkungslos verhallen, und die leicht irre zu leitende, aber eben so leicht auf die richtige Bahn wieder zurückzuführende Generation der heranwachsenden Aerzte, ihrer überwiegenden Mehrzahl nach für das Gute und Edle empfänglich, wird zwischen dem Schein und der Wahrheit, zwischen der Zügellosigkeit und Freiheit, zwischen Verführung und Belehrung, zwischen Feind und Freund den Unterschied bald herausfinden. Vertrauen wird Vertrauen wecken, der gewährte Schutz wird nicht als vorgespiegelte Bevormundung gelten, und man wird das Reifen der wohlgepflegten Frucht nicht durch schnödes Abreissen der Blüthen verhindern lassen *).

Um geneigten Bescheid ersuchend, verharre ich

Eines hohen Ministerii

ganz ergebenster

Dr. Kalisch.

Auf diese von mir unter dem 21. Juli eingereichte Eingabe erhielt ich nachstehende Verfügung:

Ew Wohlgeboren erwidere ich auf das Schreiben vom 21. d. M., dass ich Ihr Vorhaben, unter entsprechendem Titel zwanglose Hefte herauszugeben, in welchen das Material des Ministeriums für die bevorstehende Medicinal-Reform übersichtlich mitgetheilt und gutachtlich besprochen wird, vollkommen billige und gern bereit bin, Ihnen zur Unterstützung desselben die Einsicht der betreffenden Acten des Ministeriums zu gestatten. Ew. Wohlgeboren stelle ich anheim, sich zu diesem Zweck mit dem Herrn Geheimen Medicinal-Rath Schmidt, der Ihnen über das vorhandene Material gern nähere Auskunft ertheilen und die Registratur mit der erforderlichen Anweisung versehen wird, in Verbindung zu setzen. Da jedoch der Herr p. Schmidt erst in etwa drei Wochen von seiner Urlaubsreise zurückkehren wird, ich aber voraussetzen darf, dass Ew. Wohlgeboren daran gelegen ist, möglichst bald die gedachten Acten einzusehen, so habe ich den als Justitiarius in der Medicinal-Abtheilung

*) Am Rande dieses Concepts hatte Herr v. Ladenberg nachstehende Bemerkung hinzugefügt, welche ich nicht zu übersehen bitte. „Verzeihen Sie, mein bester Doctor, wenn ich in aller Eile ad marginem antworte. Lassen Sie die Eingabe abgehen, wie sie gefasst ist, und recht bald, ehe ein von mir dringend erbetener neuer Chef unsern guten Absichten eventuell entgegentreten kann. Ich denke, Sie sollen einen Bescheid erhalten, der Sie befriedigt und die Sache erleichtert.

In aufrichtigster Hochschätzung

Ladenberg.

20/7.

des Ministeriums beschäftigten Herrn Kammergerichts-Rath Lehnert,*) Louisen-Strasse No. 25 wohnhaft, veranlasst, Ihnen das gewünschte Material schon jetzt zugänglich zu machen, sobald Sie ihm Ihre diesfälligen Wünsche werden mitgetheilt haben.

Berlin, den 25. Juli 1848.

Für den Minister der geistlichen,
Unterrichts- und Medicinal-Angelegenheiten.

Im Allerhöchsten Auftrage
(gez.) **Ladenberg.**

An
den practischen Arzt
Herrn Dr. Kalisch
Wohlgeboren
3271. hier.

und wenige Tage später von dem Vorsteher der geheimen Medicinalregistratur nachstehendes Schreiben:

„In Folge des mir gewordenen Auftrages übersende Ew. Wohlgeboren ich hierbei ganz ergebenst vorläufig:

1. Vier Vol. der Ministerialacten, betreffend die Medicinalordnung und
2. Vier Bände von Schriften und Gutachten über die Reform des Medicinalwesens.

Die von den Oberpräsidenten, Regierungen und Universitäten eingeforderten Gutachten und Vorschläge behalte ich mir vor, Denenselben persönlich einzuhändigen."

Berlin, den 31. Juli 1848.

Pauli.

Kaum hatte ich diese und andere Acten flüchtig durchgesehen, als Herr Geheimrath Schmidt von seiner Urlaubsreise zurückkehrte; und die unmittelbare Folge dieser Rückkehr war das nachstehende Schreiben desselben Herrn Pauli:

„Die von Ew. Wohlgeboren abgeforderten Gutachten werden dringend und noch heute zum Vortrag gebraucht, weshalb es nöthig ist, dass dieselben durch den Ueberbringer dieses zurückgeschickt werden.

---

*) Gegenwärtig Stellvertretender Director der Medicinal-Abtheilung im Ministerium der geistlichen, Unterrichts- und Medicinal-Angelegenheiten und Director der wissenschaftlichen Deputation für das Medicinalwesen.

Die noch heute von Ihnen verlangten Actenstücke, die auch überhaupt auf Ew. Wohlgeboren alleiniges Verlangen ohne Weiteres nicht verabfolgt werden können, werden gerade auch heute gebraucht."

Berlin, den 22. August 1848.

Pauli.

Ich schrieb sofort an den Herrn Geheimrath Schmidt Folgendes:

„Geehrter Herr Geheimrath!

Die durch hohe Ministerial-Verfügung und gefällige Vermittelung des Herrn Kammergerichtsraths Lehnert mir zugesandten Actenstücke sind mir heute sämmtlich durch das abschriftlich angeschlossene Schreiben des Herrn Geheimen Kanzleirath Pauli abgefordert worden. Da nun jene Ministerial-Verfügung vom 25. Juli dieses Jahres mich darauf hinweist, dass Ew. Wohlgeboren die geheime Registratur mit der nöthigen Instruction versehen werden, so will ich nicht verfehlen, Ihnen die einfache Thatsache mitzutheilen.

Ich habe natürlich der an mich ergangenen Aufforderung Genüge geleistet und nur das Gutachten des Regierungs-Präsidenten zu Gumbinnen zurückbehalten, weil es mir schien, als ob Herr Pauli, der mir die Acten in Folge ihm gewordenen Auftrags zusandte, auch nur in gleicher Weise sie zurückverlangen durfte, was er nun wohl bei dem einzig zurückgebliebenen Actenstück zu thun nicht verfehlen wird, wenn Sie einen solchen Auftrag ihm zu geben sich veranlasst finden sollten. Die von mir heute verlangten Actenstücke sind die Rustschen Entwürfe aus den Jahren 1822 und 1824, deren Einsicht ich erbeten hatte, und die nun merkwürdig genug gerade auch heute gebraucht werden."

Berlin, den 22. August 1848.

Hochachtungsvoll und ergebenst

Dr. Kalisch.

Herr Geheimrath Schmidt liess mich um Entschuldigung ersuchen und schickte mir nachstehende Anweisung:

„M. und U.

Herr Dr. Kalisch wünscht

1. die Acten, worin die Rustschen Entwürfe aus den Jahren 1822 und 1824 enthalten sind.
2. Mehrere Unterrichtsacten, die Herr Dr. Kalisch näher bestimmen wird, und ersuche ich, mit Bezug auf die officielle Ermächtigung des Herrn Chefs, diese Acten demselben verabfolgen zu lassen.

Schmidt."

Auf diese Weise wieder in den unbeschränkten Besitz der Acten gekommen, hatte ich dieselben, nach dem Wunsche des Herrn v. Ladenberg, zu einem doppelten Zweck zu benutzen. Einmal nämlich, um die laufenden Reformmaassregeln öffentlich mitzutheilen und von meinem Gesichts- und Standpunkte aus mit voller Freiheit zu besprechen; zweitens, um nach den Ergebnissen des gesammten Actenmaterials meine eignen Ansichten über die Medicinalreform festzustellen und diese mündlich oder schriftlich dem Herrn Minister vorzutragen. Was für beide genannte Zwecke von mir bis zum Ausscheiden des Herrn v. Ladenberg aus dem Ministerium, und zwar unter ununterbrochenen Conflicten mit Herrn Geheimrath Schmidt, geschehen ist, gehört nicht hierher; ich beschränke mich daher auf eine einzige Bemerkung.

Ich habe oben von den aufregenden Wirkungen gesprochen, welche die ministerielle Erklärung vom 27. Mai 1848 im ärztlichen Stande herorgerufen hatte. Es sprachen sich diese in einer grossen Menge leidenschaftlich abgefasster Gesuche und Adressen an das Ministerium aus, in welchen vor Allem die amtliche Berufung eines allgemeinen ärztlichen Congresses gefordert wurde. Ich will mir erlauben, ein Actenstück, welches in dieser Beziehung noch zu den gemässigsten gehörte, nachstehend mitzutheilen:

„An den Minister der geistlichen,
Unterrichts- und Medicinnl-Angelegenheiten,

Herrn Rodbertus, Excellenz.

Herr Minister!

Seit länger als zehn Jahren hat die Frage der Medicinalreform bei dem bisher eingeschlagenen schleppenden Geschäftsgange vergeblich ihrer Erledigung entgegengeharrt. Der preussische Staatsanzeiger vom 27. Mai d. J. hat dies in einem Artikel, der das officielle Gepräge an sich trägt, anerkannt und eine Beschleunigung dieser Angelegenheit zwar in Aussicht gestellt, solche aber von dem vorherigen Eingange der noch fehlenden Materialien abhängig gemacht. Wenn während einer so langen Reihe von Jahren von den sechs medicinischen Facultäten des Staates bisher noch zwei mit ihren desfallsigen Gutachten im Rückstande geblieben sind, und das Ministerium es bisher nicht vermocht hat, das noch fehlende Votum der gleichfalls im Rückstande befindlichen einen Regierung, wiederholter Erinnerungen ungeachtet, in einem so langen Zeitraume beizutreiben, so dürfte doch bei dem besten Willen es der Centralbehörde schwer werden, den im Staatsanzeiger ausgesprochenen Vorsatz baldigster Beschleunigung auszuführen. Aber selbst wenn nach dem Eingange der noch fehlenden Materialien von dem Ministerium der Medicinal-Angelegenheit auf dem bisher eingeschlagenen Wege in der Medicinalreform-Angelegenheit fortgefahren würde, möchte für dieselbe kein erspriesslicher Erfolg, und am wenigsten die nöthige Vereinbarung mit den Wünschen und Hoffnungen des Heilpersonals zu gewärtigen sein, weil das Princip der Autonomie, welches gegenwärtig in der Staats- und Gemeindeverwaltung als das ausschliesslich maassgebende sich Geltung verschafft hat, auch in der medicinischen Gesetzgebung als das allein Vertrauen einflössende und, mehr als das bisherige bureaukratische Bevormundungssystem, für eine so gebildete Körperschaft geeignete von den Aerzten anerkannt worden ist. Schon haben zu diesem Zwecke die Aerzte der Rheinprovinz einen Verein geschlossen, und auch der unterzeichnete Verein ist, von dem

Associationsrechte Gebrauch machend, am 27. April d. J. zunächst zu dem Behuf in das Leben getreten, die ärztlichen Gesammtinteressen und vorzugsweise für jetzt die Medicinalreform auf dem Wege freier Berathung zu fördern. Damit solches nicht einseitig und darum erfolglos geschehe, sondern eine gemeinsame Berathung und wo möglich selbstständige Beschlussnahme des gesammten, in technisch sachverständiger Beziehung hierbei ausschliesslich competenten, Heilpersonals des preussischen Staates, unter Vorbehalt der nachträglichen Genehmigung Seitens der künftigen gesetzgebenden Gewalt, erzielt werde, beantragen wir ehrerbietigst:

> dass zur Erledigung der Medicinalreform ein allgemeiner Congress, hervorgehend aus directen Wahlen aller Aerzte und Wundärzte des preussischen Staates, baldmöglichst berufen werde.

Nur durch diese Maassregel, welche bloss eine Consequenz des in Bezug auf die Reform der höheren Lehranstalten von dem Ministerium in dem Erlass vom 8. d. M. befolgten leitenden Grundsatzes sein würde, glauben wir, wird dem Ministerium der geistlichen, Unterrichts- und Medicinal-Angelegenheiten ein Aufbau möglich werden, welcher, wie der oben erwähnte Artikel des preussischen Staatsanzeigers sich schliesslich äussert, auf die gewichtigsten Stimmen der Erfahrung und der Wissenschaft gegründet ist, und welcher auf die gesetzliche Sanction und auf den Beifall aller unparteiischen Interessenten sich Hoffnung machen darf."

Berlin, den 24. Juni 1848.

Im Namen des Vereins praktischer Aerzte und Wundärzte zur Förderung der Gesammtinteressen des Heilpersonals:

Das provisorische Comité.
(Unterschriften.)

Herr Rodbertus nahm dieses Gesuch persönlich entgegen und fand in seinen allgemeinen politischen Anschauungen den ausreichenden Grund, sofort seine Zustimmung zu erklären.

Wenige Tage darauf trat jedoch Herr v. Ladenberg die Leitung des Medicinal-Ministeriums und mit dieser die Erbschaft der Verheissungen seines Amtsvorgängers an. Der ärztliche Congress war daher auch der erste Gegenstand, über welchen Herr v. Ladenberg meine Ansicht forderte; und ich entschied mich unbedingt gegen die Berufung eines solchen. Herr Geheimrath Schmidt war der entgegengesetzten Ansicht, nicht aber aus demokratischen, sondern aus bureaukratischen Gründen. Gar nichts in der Sache zu thun, war Herrn v. Ladenberg darum unmöglich, weil ein amtliches Versprechen bereits gegeben war; und so ward denn beschlossen, statt eines allgemeinen aus freien Wahlen hervorgehenden Congresses eine Conferenz zu berufen, deren Mitglieder, je 2 aus jeder Provinz, von dem Minister unter den ihm von den Provinzialbehörden vorgeschlagenen Candidaten ernannt wurden. Die Versammlungen dieser Conferenz fanden in Berlin vom 1. bis 23. Juni 1849 in 19 Sitzungen statt; und Herr v. Ladenberg eröffnete die erste Sitzung mit einer Rede, in welcher er ausdrücklich bemerkte, dass er als verantwortlicher Minister sich an die Beschlüsse der Versammlung nicht gebunden halten könne, vielmehr die Versammlung nur als informatorisch für sich betrachte. Aus diesem Grunde habe er ebensowenig die einzelnen Mitglieder aus einer freien Wahl des ärztlichen Standes, als den Vorsitzenden aus einer freien Wahl der Versammlung hervorgehen lassen, und zu letzterem Amte habe er den Geheimen Medicinal-Rath Schmidt bestimmt.

Viel Interessantes und viel Lehrreiches ist in diesen Conferenzsitzungen gesprochen worden, wie die veröffentlichten Protokolle zeigen; allein ein legislatives Resultat oder auch nur eine wissenschaftliche Grundlage für das neue Medicinalgesetz boten sie nicht dar. In Beziehung auf die wissenschaftlichen Fragen standen die Ansichten meist schroff einander gegenüber; und in Beziehung auf die Verwaltung waren nur sehr wenige Mitglieder im Besitze ausreichender Sachkenntniss.

Für mich stand, nach der Beendigung dieser Conferenzen, die Ueberzeugung fest, dass in der nächsten Zeit der Gesetzentwurf über die Reorganisation der Medicinalverfassung nicht zu

Stande kommen werde; und ich bat daher Herrn v. Ladenberg, mich vorläufig mit dem Studium der gesammten Acten beschäftigen zu dürfen, um darauf meine Vorschläge zu stützen, gleichzeitig aber dasjenige durch den Druck veröffentlichen zu dürfen, was mir irgendwie dem wissenschaftlichen Interesse des ärztlichen Standes förderlich erscheinen möchte. Herr v. Ladenberg billigte meine Absicht durchaus; und der erste Gegenstand, den ich auf diese Weise für die Veröffentlichung bestimmt hatte, war eine Auswahl gerichtsärztlicher Gutachten der wissenschaftlichen Deputation. Zu einer eingehenden Beschäftigung mit diesen Gutachten in wissenschaftlicher Beziehung hatte mir ein besonderer Fall, zu einer nähern Prüfung der Wirksamkeit dieser Behörde aber die amtliche Vorlage über die von der Medicinal-Conferenz zu berathenden Fragen Veranlassung gegeben.

Der Conferenz wurden nämlich 66 formulirte Fragen von dem Ministerium vorgelegt, von welchen die unter No. 63 also lautete:

> „Ist die wissenschaftliche Deputation für das Medicinalwesen ferner nöthig?“

Diese Frage kam in der 16. Sitzung am 19. Juni 1849 zur Berathung; und die amtlichen Protokolle enthalten darüber folgende Mittheilung:

> „Dr. Ulrich hält die wissenschaftliche Deputation nicht nur als oberste wissenschaftliche Instanz bei der Abgabe von gerichtlich-medicinischen Gutachten, sondern auch als technischen Rathgeber für das Ministerium für ganz unentbehrlich, da es nie möglich sei, alle speciellen technischen Fächer durch die eigentlichen Ministerialräthe so vollständig vertreten zu lassen, als es in der wissenschaftlichen Deputation der Fall sei.
>
> Das fernere Bestehen dieser wissenschaftlichen Deputation wird danach einstimmig bejaht.“

Ich war in meiner Arbeit über diese Frage ausführlicher gewesen, hatte aber dabei zugleich auf den grossen Nutzen aufmerksam gemacht, welchen die Veröffentlichung einzelner dieser Deputationsgutachten — da der Werth derselben sich als ein sehr verschiedener ergab — für die ärztliche Wissenschaft und Kunst haben würde. Mit der Veröffentlichung einer zu diesem Zwecke getroffenen Auswahl sollte nun eben der Anfang gemacht werden, als Herr v. Ladenberg die Leitung des Ministeriums niederlegte, und Herr v. Raumer an seine Stelle trat.

An sich war dieser Ministerwechsel für mich durchaus kein Grund, die Ausführung meiner Absicht aufzugeben; nur ein Umstand erregte mir Bedenken: die Vorrede. Diese sollte nämlich mit folgenden Sätzen schliessen:

„Nicht aber mir, sondern durch mich dem Volke hat der Minister den Blick in die Werkstatt seiner Verwaltung öffnen wollen, denn Herr v. Ladenberg ist ein Mann, der für Staat und Haus nur eine Sittlichkeit, für den Minister und den Menschen nur eine Wahrheit, für den Untergebenen und den Unabhängigen nur eine Freimüthigkeit, für die Verwaltung und die Wissenschaft nur eine Oeffentlichkeit anerkennt.

Das Princip, „in das Innere der Registratur dringe kein unbeamteter Geist," behält für die Staatsgeheimnisse seine volle, weil durchaus nöthige, Gültigkeit; aber dieses Bollwerk des allgemeinen Wohls darf keine Barrikade persönlicher Interessen werden. Das Actengeheimniss soll die Verwaltung gegen etwaige Missbräuche der Beamten, nicht aber umgekehrt die Missbräuche dieser gegen die Verwaltung sicher stellen."

Diese Sätze, nach dem Ausscheiden des Herrn v. Ladenberg zu unterdrücken, wäre Undank und Feigheit gewesen; sie unmittelbar nach dem Eintritt des neuen Ministers stehen zu lassen, schien mir aus folgendem Grunde unthunlich. Die Absicht des Herrn v. Ladenberg, mich bei Bearbeitung des neuen Medicinalgesetzes zu beschäftigen, und sein Eingehen auf meinen Vorschlag, den Grundsatz des Actengeheimnisses in den der grösstmöglichen Oeffentlichkeit umzuwandeln, beruhte zugleich auf seinem Verwaltungssystem und auf seinem persönlichen Vertrauen zu mir. Das Verwaltungssystem des Herrn v. Raumer war noch vollkommen unbekannt, und von einem wohlwollenden Vertrauen desselben zu mir konnte auch nicht im Entferntesten die Rede sein. Das Wahrscheinlichste war, dass er, seinem gegenwärtigen Ressort bisher völlig fremd, zunächst den Ansichten und Vorträgen seines technischen Raths, des Herrn Geheimrath Schmidt, Gehör und Folge geben werde. Gerade dieser aber war es, welcher unter dem Ladenbergschen Ministerium die Barrikade des Actengeheimnisses mir gegenüber Schritt vor Schritt vertheidigt und die Actenveröffentlichung als den gefährlichsten Feind der Verwaltung erklärt hatte. Nicht gegen seinen früheren Chef würde er freilich aufzutreten gewagt haben; wohl aber konnte er seinem neuen Chef die Sache so darstellen, als ob dessen Vorgänger dieses Princip der öffentlichen Verwaltung durchaus nicht gehabt, und ich nur missbräuchlich zur Rechtfertigung meines Vorhabens eine solche Behauptung hingestellt hätte.

In dieser meiner Verlegenheit kam mir nun Herr Geheimrath Schmidt selbst zu Hülfe. Unmittelbar nach dem Eintritt des Herrn v. Raumer in das Ministerium veröffentlichte derselbe eine Schrift: „Ueber Anstellungen und Beförderungen im Medicinaldepartement“ und sagte darin (S. 7) wörtlich:

> „In der That ist es immer am besten, wenn die Verwaltung von allen Seiten durchsichtig, oder, wie ein grosser Philosoph sich ausgedrückt hat, ein „Haus von Glas“ ist. Die s. g. neue Zeit hat Gutes und Schlechtes gebracht; nicht das Geringste, was sie gebracht hat, ist, dass sie uns über den Nimbus und die Heimlichkeiten hinweggebracht hat. Wer ein gutes Gewissen hat, darf sich nicht scheuen, dass ein Anderer hineinsieht. Die „Verantwortlichkeit der Minister“ ist keine Phrase, sondern ein kostbares Kleinod; sie ist dazu da, dass Gerechtigkeit im Lande herrsche und nicht die Gunst und die Willkür. Ein Bruchtheil dieser Verantwort-

lichkeit geht folgerecht auf die vortragenden Räthe der Ministerien über. Ein „Rath“ ist ein Mann, der berufen ist, „Rath“ zu ertheilen. Der Minister ist nicht an den Rath seiner Räthe gebunden, das versteht sich von selbst, das liegt im Begriffe seiner höheren Verantwortlichkeit; aber er kann von jedem seiner Räthe verlangen, dass er ihm ehrlichen Rath ertheile, dass er sich in die Aufgabe seines Referats hineindenke und kein Mittel der eigenen Belehrung unversucht lasse. Der Staat kann nicht bloss vom Minister verlangen, dass er nach der Gerechtigkeit und nach Grundsätzen entscheide, sondern auch von jedem Rathe des Ministers verlangen, dass er nach der Gerechtigkeit und nach Grundsätzen votire. Grundsätze aber können richtig und irrig sein. Erstere zu finden, letztere zu vermeiden, dazu giebt es keinen besseren Weg, als die breite Bahn der unbedingten Oeffentlichkeit.“

Meine Vorrede war gerettet; mein Buch konnte erscheinen; mein Manuscript war druckfertig: — da ging mir nachstehende Verfügung zu:

„Aus einem Bericht der wissenschaftlichen Deputation für das Medicinalwesen ersehe ich, dass Ew. Wohlgeboren die Absicht haben, Gutachten dieser Behörde, welche Ihnen auf Ihren Wunsch mit Genehmigung des Königlichen stellvertretenden Directors der Medicinal-Abtheilung meines Ministeriums vorgelegt worden sind, drucken zu lassen. Dies veranlasst mich, Ew. Wohlgeboren darauf aufmerksam zu machen, dass die Ihnen von meinem Herrn Amtsvorgänger unterm 25. Juli 1848 ertheilte Erlaubniss, das in den Acten des Ministeriums enthaltene Material für die Medicinal-Reform zu veröffentlichen, eine Ermächtigung zur Veröffentlichung der Ihnen vorgelegten Gutachten der genannten Deputation nicht in sich schliesst. Auch die Ihnen durch den Erlass vom 23. Februar vor. Jahres gestattete Benutzung der Acten des Ministeriums bei literarischen Arbeiten enthält eine solche Ermächtigung nicht, und der Hr. stellvertretende Director der Medicinal-Abtheilung hat, als er Ihnen die Einsicht der in Rede stehenden Gutachten in den Acten gestattete, nach Ihren eigenen Mittheilungen über den Zweck, zu welchem Sie die Gutachten einzusehen wünschten, seiner amtlichen Erklärung zufolge, in keiner Weise voraussetzen können, dass Sie eine Veröffentlichung dieser Gutachten beabsichtigen. Ich habe mich verpflichtet gehalten, Ihnen diese Eröffnung zu machen, um einer etwaigen irrthümlichen Auffassung der Ihnen früher ertheilten Erlaubniss zu begegnen.

Berlin, d. 12. April 1851.

Der Minister der geistlichen, Unterrichts- und Medicinal-Angelegenheiten.

gez.) **v. Raumer.**

An
den Herrn Dr. Kalisch
Wohlgeboren
Hierselbst.
No. 2101 M."

Ich erwiderte:

„Hochverehrter Herr Minister!

Auf den Bericht der wissenschaftlichen Deputation für das Medicinalwesen, dass ich die Absicht habe, Gutachten derselben drucken zu lassen, haben Ew. Excellenz sich veranlasst gesehen, in einem hohen Erlass vom 12. dieses Monats meiner etwaigen irrthümlichen Auffassung zu begegnen, als ob frühere Rescripte Hochdero Hrn. Amtsvorgängers, oder die vom stellvertretenden Herrn Director der Medicinal-Abtheilung mir zur Einsicht dieser Gutachten ertheilte Genehmigung, die Erlaubniss, dieselben zu veröffentlichen, enthielten.

Ich würde die einem hohen Ministerialrescripte gebührende Hochachtung, aber gleichzeitig auch mein eigenes Rechtsbewusstsein zu verletzen glauben, wollte ich jenen Erlass stillschweigend hinnehmen. Ew. Exc. wolle mir daher folgende gehorsame Rückäusserung gütigst gestatten.

Die Veröffentlichung medicinisch-forensischer Gutachten der wissenschaftlichen Deputation ist nicht nur an sich vollkommen erlaubt, sondern von allen preussischen Medicinal-Ministerien als ein wissenschaftlich nützliches und administrativ zu unterstützendes Unternehmen erklärt worden; und die einzige darüber vorhandene Restriction, die Circularverfügung vom 13. März 1822, zeigt durch ihren Wortlaut, und mehr noch durch ihren actenmässigen Zusammenhang mit einer an demselben Tage ertheilten Druckerlaubniss, dass es von Seiten der Mitglieder der wissenschaftlichen Deputation ein Irrthum wäre, die von ihnen verfassten Gutachten als ihr materielles oder geistiges Eigenthum zu betrachten und demgemäss ohne ihren, oder gar unter ihrem Namen abdrucken zu lassen.

Ebensowenig hat aber auch die wissenschaftliche Deputation, als begutachtende Behörde in höherem Auftrage, irgend ein Eigenthumsrecht an ihren erstatteten Gutachten, zu welchen sie nur das Verhältniss des Gerichtshofes zu den von ihm gesprochenen Urtheilen hat.

Ich würde mir diese Bemerkungen nicht erlaubt haben, wenn nicht einerseits Hochdero Erlass vom 12. d. M. mich über seine practische Bedeutung vollkommen im Dunkeln liesse, und wenn nicht andererseits der Hr. Geheimrath Dr. Schmidt, ordentliches Mitglied der wissenschaftlichen Deputation, mir durch seine Erklärung Licht verschafft hätte, nach welcher „die wissenschaftliche Deputation gegen meine Absicht, Gutachten derselben drucken zu lassen, als gegen eine Eigenthumsverletzung bei Ew. Exc. Protest eingelegt und ein Einschreiten erwirkt hat.“ Ich habe triftige Gründe, jene Aeusserung des Hrn. Geheimrath Schmidt für eine richtige nicht zu halten, sollte sie dies aber dennoch sein, sollte die wissenschaftliche Deputation wirklich eine Anklage gegen mich, „wegen beabsichtigter Eigenthumsverletzung und wegen Missbrauchs von Actenstücken“ bei Ew. Exc. eingereicht haben, so darf ich an Ew. Exc. wohl die Bitte richten, mir das Rechtsmittel der Vertheidigung und die dazu nöthige abschriftliche Mittheilung des Deputationsberichts nicht zu verweigern.

Berlin, d. 19. April 1851.

Mit ausgezeichneter Hochachtung

ergebenst

Dr. Kalisch.

und erhielt nachstehenden Bescheid:

„Ew. Wohlgeboren erwidere ich auf Ihre Eingabe vom 19. v. M., dass die wissenschaftliche Deputation für das Medicinalwesen, nachdem dieselbe von Ihrer Absicht, einen Theil der von ihr abgegebenen Gutachten zu veröffentlichen, Kenntniss erhalten, bei mir darauf angetragen hat, der Ausführung dieser Absicht, worin die Deputation einen Eingriff in ihr geistiges Eigenthum erkennt, entgegen zu treten und ihr die Publication ihrer Gutachten, wozu sie für sich ein näheres Recht, als Ihnen zustehe, in Anspruch nimmt, zu gestatten. Dieser Antrag hat meinen Erlass an Sie vom 12. v. M. veranlasst.

Zu einer Mittheilung des betreffenden Berichtes der Deputation finde ich mich nicht bewogen.

Berlin, d. 13. Mai 1851.

Der Minister der geistlichen, Unterrichts- und Medicinal-Angelegenheiten

(gez.) **v. Raumer.**

An
den Hrn. D. Kalisch
Wohlgeboren
Hier.

No. 2132."

Schon am nächstfolgenden Tage, am 14. Mai, erschienen, wie ich am Anfang dieser Einleitung angegeben habe, die Gutachten der wissenschaftlichen Deputation; und der Leser vermag nun zu beurtheilen, welche Glaubwürdigkeit dem ihnen vorausgeschickten Vorwort des Herrn Geheimrath Schmidt gebühre. Aber noch schlimmer stand es um die veröffentlichten Gutachten selbst, welche — fünf an der Zahl — ärztliche Kunstfehler betrafen. Sie alle hatte ich aus meiner beabsichtigten Sammlung vorläufig ausschliessen wollen, weil sie in Form und Inhalt vollkommen verfehlt und nur dann zu veröffentlichen waren, wenn es — was damals nicht mein Zweck war — darauf ankam, nachzuweisen, dass die Kunstfehler der Aerzte fast immer und selbst auch von der wissenschaftlichen Deputation unrichtig beurtheilt würden.

Jetzt war diese Behörde selbst mit diesen ihren Gutachten in die Oeffentlichkeit getreten; und ich hatte nicht nur ein Recht, sondern auch die Pflicht, bei Herausgabe meiner Sammlung auf sie aufmerksam zu machen und an ihnen zu zeigen, dass die Normen, nach welchen die ärztlichen Kunstfehler bei unsern Gerichtshöfen behandelt werden, einer Verbesserung bedürfen.

Ich besuchte daher den Herrn Minister v. Raumer und erklärte ihm, dass ich mich aus Hochachtung für ihn bewogen fände, die Herausgabe der Deputations-Gutachten für jetzt zu unterlassen, meine Absicht aber im Interesse der Wissenschaft und des ärztlichen Standes ausführen würde, sobald die sachlichen und persönlichen Verhältnisse es erlauben würden.

Dieser Zeitpunkt ist nunmehr eingetreten. Ich lasse hier zuerst die Gutachten erscheinen und werde in Kurzem in einer besondern Schrift die Kunstfehler der Medicinalpersonen einer eingehenden Besprechung unterziehen.

Ich habe dem ausgeschiedenen Minister die seiner Würde gebührende Rücksicht erwiesen; ich habe nun aber auch gegen den abgeschiedenen Minister eine Pflicht zu erfüllen.

Berlin, im Juli 1859.

Dr. Kalisch.

I.

Fall Dohlhoff- (Geltner).

Kaiserschnitt statt Bauchschnitt.

Der Medicinalrath Dr. Dohlhoff, Mitglied des Medicinalcollegiums und dirigirender Wundarzt des städtischen Krankenhauses zu Magdeburg, hatte im Jahre 1836 an der p. Geltner wegen einer vermeintlichen Geschwulst im Unterleibe den Bauchschnitt verrichtet. Eine Geschwulst ward nicht gefunden, die Kranke jedoch als geheilt entlassen. Im März 1838 ward die Geltner wiederum wegen einer Geschwulst im Unterleibe in das städtische Krankenhaus aufgenommen und dem dirigirenden Wundarzte desselben zur Behandlung überwiesen. Dieser beschloss und vollzog aufs Neue, behufs Exstirpation der wiederum diagnosticirten Geschwulst, in Gegenwart der Zöglinge der medicinisch-chirurgischen Lehranstalt, den Bauchschnitt. Statt der vermeintlichen Geschwulst drangen aber aus der Operationswunde die Gliedmassen eines Kindes, welches sein Leben sofort durch kräftiges Geschrei verkündete. Zwei Tage nach der Operation starb die Geltner; und gegen den Dr. Dohlhöff ward in Folge dessen die Criminaluntersuchung eingeleitet.

Die in dieser Untersuchung der wissenschaftlichen Deputation zur Beantwortung vorgelegten Fragen waren folgende:

1. Ist Uterinal-Schwangerschaft in dem Stadium, in welchem sie bei der Geltner war, überhaupt verkennbar, und war sie es in specie bei der Geltner?
2. War im Bejahungsfalle dieser Frage bei der Geltner doch Wahrscheinlichkeit einer Schwangerschaft vorhanden oder nicht, und im ersteren Falle einer uterina oder extrauterina?
3. Deutete im Verneinungsfalle ad 2 der Zustand und das Verhalten der Geltner auf eine Degeneration der Ovarien?
4. War die Exploration des Angeschuldigten ausreichend, um die Gewissheit der Nichtschwangerschaft bis zu dem Maasse festzustellen, dass er den Bauchschnitt unternehmen durfte? Würden andere Prüfungsmittel nutzlos und unausführbar gewesen sein?
5. War der Bauchschnitt sowohl bei der Annahme einer Extrauterinal-Schwangerschaft als einer Degeneration der Ovarien indicirt?
6. Fällt die durch das Zurücktreten der Bauchmuskeln in Folge der

früheren Operation entstandene abnorme Lage des Uterus in den Bereich derjenigen Umstände, welche von dem Angeschuldigten als wahrscheinlich oder doch möglich vorauszusetzen und zu berücksichtigen waren?

7. Entspricht das Verfahren des Dohlhoff bei Ausführung der Operation der durch die damit an sich verbundenen Gefahr im Allgemeinen und durch die in Folge der ersten Operation möglicherweise veränderte Lage des Uterus hier im Besondern gebotenen Vorsicht und Umsicht, oder lässt sich vielmehr annehmen, dass bei pflichtmässiger Berücksichtigung aller concreten Verhältnisse die Incision des Uterus zu vermeiden gewesen wäre?

Die beiden Referenten, die Geheimräthe Wagner und Kluge, gingen in ihren Relationen und Votis vollständig auseinander; und die Deputation vollzog das milde Gutachten des erstern wahrscheinlich nur darum, weil der Angeschuldigte von der damals Allerhöchst ertheilten Amnestie Gebrauch machen zu wollen erklärte. Die Wissenschaft hat daher den gerechten Anspruch, dass dem vollzogenen Superarbitrium das dissentirende Votum des 2ten Referenten hinzugefügt werde, was hier auch geschehen ist.

Ein Königl. hohes Ministerium der geistlichen, Unterrichts- und Medicinal-Angelegenheiten hat der unterzeichneten wissenschaftlichen Deputation auf Antrag des Inquisitoriats zu Magdeburg unterm 19. Mai d. J. aufgetragen, in der Untersuchungssache wider den Medicinalrath Dohlhoff ein motivirtes Gutachten über die weiter unten angeführten Fragen zu erstatten. Zu dem Ende hat sich die unterzeichnete wissenschaftliche Deputation mit dem Inhalte der ihr mitgetheilten, aus zwei Vol. bestehenden Acten genau bekannt gemacht und glaubt, nach reiflicher Erwägung desselben, ihr Gutachten folgendermassen abgeben zu können.

Geschichtserzählung.

Am 17. April 1838 zeigte der Kreisphysicus Dr. Voigtel zu Magdeburg dem Oberbürgermeister Francke daselbst an, dass die unverehelichte Friederike Geltner im März desselben Jahres wegen einer grossen, schon länger bestandenen Geschwulst im Unterleibe in das dortige städtische Krankenhaus aufgenommen und dem dirigirenden Wundarzt desselben, dem Medicinalrath Dr. Dohlhoff, zur ärztlichen Behandlung überwiesen worden sei. Weder die äussere Besichtigung und Betastung des Bauches, noch die Untersuchung durch die Scheide, welche ausser dem Dohlhoff noch von zwei anderen approbirten Aerzten vorgenommen sein solle, habe die Diagnose jener Geschwulst festzustellen vermocht; es habe sich nur ergeben, dass die Geltner einen bis auf die Mitte der Oberschenkel herabreichenden Hängebauch und in diesem eine grosse, harte, bewegliche Geschwulst gehabt habe; woraus dieselbe aber bestanden, sei dunkel geblieben. Die Existenz einer Schwangerschaft, ja selbst die Möglichkeit einer solchen habe die Kranke hartnäckig geleugnet, und Fruchtbewegungen wären von den untersuchenden Aerzten niemals wahrgenommen worden. — Obgleich nun sowohl die Diagnose des Uebels, als auch die Ausführbarkeit einer Operation höchst zweifelhaft und die Nothwendigkeit, eine solche alsbald zu verrichten, durchaus nicht vorhanden gewesen, so sei dennoch die Verrichtung des Bauchschnittes, behufs der Exstirpation der Geschwulst, vom

Dr. Dohlhoff beschlossen und am 15. März in Beisein des Wundarztes I. Kl. Babethge, sowie der zum Besuch der chirurgischen Klinik verstatteten Zöglinge der medicinisch-chirurgischen Lehranstalt ausgeführt worden. Sogleich nach dem ersten, aus freier Hand verrichteten Schnitte in der weissen Linie solle ein Theil einer Blase in die Wundspalte getreten, nach deren Eröffnung eine wasserhelle Flüssigkeit herausgeflossen und unmittelbar darauf Gliedmassen eines Kindes aus der Operationswunde hervorgedrungen sein, welches, nachdem es herausgenommen, sein Leben sofort durch kräftiges Geschrei verkündet und seiner Ausbildung nach ein Alter von mindestens acht Monaten documentirt haben und auch gegenwärtig noch leben solle. Erst jetzt, und nach Wegnahme der Nachgeburt, habe der Operateur erkannt, dass er, ohne es zu wissen, die regelmässig beschwängerte Gebärmutter eröffnet und somit ohne alle Veranlassung den Kaiserschnitt vollzogen habe. Die Geltner sei am 17. März an der dieser Operation stets nachfolgenden Unterleibsentzündung gestorben und habe die in Gegenwart des p. Dohlhoff, des p. Babethge und mehrerer Zöglinge der medicinisch-chirurgischen Lehranstalt verrichtete Obduction es ausser allen Zweifel gestellt, dass der regelmässig beschwängerte Uterus wirklich eröffnet, und dass zwischen ihm und den Bauchwandungen keine regelwidrige Verwachsung vorhanden gewesen sei.

Zur Würdigung des Verfahrens des p. Dohlhoff vor und während der Operation glaubt der Dr. Voigtel noch Folgendes hinzufügen zu müssen:

1. Der p. Dohlhoff habe an derselben Geltner schon einmal im September 1836 wegen einer vermeintlichen Geschwulst im Unterleibe, jedoch ohne eine solche vorzufinden, den Bauchschnitt verrichtet, mithin recht gut wissen können, wie unsicher die Erkenntniss von dergleichen Uebeln, und mithin auch der Erfolg einer die Exstirpation solcher Geschwülste bezweckenden Operation sei.

2. Es dürfte sich nicht rechtfertigen lassen, eine anerkannt lebensgefährliche Operation lediglich deshalb zu unternehmen, um bloss die Beschaffenheit eines Krankheitsproductes näher kennen zu lernen.

3. Es habe den Anschein, als wenn der p. Dohlhoff bei der Untersuchung der in Rede stehenden Geschwulst nicht mit der durch sein Vorhaben dringend gebotenen Genauigkeit verfahren sei, so dass die Operation weder gehörig motivirt, noch mit der erforderlichen Vorsicht ausgeführt zu sein scheine.

4. Es sei Grund vorhanden, zu glauben, dass die Geltner mit der aus der Operation für sie erwachsenden hohen Lebensgefahr unbekannt gelassen; endlich

5. sei zu bedenken, dass das städtische Krankenhaus eine Wohlthätigkeitsanstalt und kein Institut sei, um die Heilkunde durch neue Erfahrungen zu bereichern.

Auf Veranlassung dieser, an das Königl. Inquisitoriat abgegebenen Anzeige wurde die Criminal-Untersuchung wider den Dr. Dohlhoff eröffnet, wobei sich Folgendes hier in Betracht Kommende ergab.

Die unverehelichte Geltner, 26 oder nach einer andern Angabe 32 Jahre alt, war schon im Jahre 1835 wegen eines Abscesses am rechten Knie, sowie wegen eines mit Urinverhaltung verbundenen, fieberhaften Leidens in das Hospital zu Magdeburg aufgenommen worden. Da es dem Dr. Dohlhoff schien, als ob sie eine Geschwulst im Unterleibe habe, so machte er am 19. Sept. 1836 den Bauchschnitt an der Kranken, fand jedoch keine Geschwulst im Unterleibe vor. Nach erfolgter Heilung wurde die Geltner hierauf am 9. Mai 1837 aus dem Hospitale entlassen. Im Frühjahr 1838 klagte sie gegen den Arzt der Armen- und Arbeitsanstalt Dr. Kersten, dass sie von Kolikschmerzen, an denen sie schon früher gelitten habe, wieder befallen sei, weshalb sie auf ihren ausdrücklichen Wunsch wieder nach dem Krankenhause geschickt wurde.

In der Zwischenzeit zwischen ihrer Entlassung aus dem Krankenhause und ihrer Wiederaufnahme in dasselbe soll die Geltner, nach den, in der bei den Acten befindlichen Druckschrift des Dr. Dohlhoff enthaltenen, Angaben, zuerst bei einer Herrschaft in Dienst getreten sein, diesen jedoch bald wieder verlassen haben, indem sie, obgleich stark und kräftig aussehend, doch versicherte, durch die heftigsten Schmerzen im Unterleibe an jeder Arbeit gehindert zu sein. Diese Schmerzen sollten besonders dann sehr zunehmen, wenn der Zeitpunkt der Menstruation eintrat, welche seit dem Monat März 1837 ausgeblieben war. Dabei litt die Geltner ab und zu auch an Verstopfung und Harnbeschwerden, weshalb sie zu verschiedenen Malen in der ambulatorischen Klinik sich einfand. Kurze Zeit nach ihrer Entlassung aus dem Hospitale, bei der sie mit einer Bauchbinde versehen worden war, wurde auch ihr Leib stärker, und es bildete sich ein ordentlicher Hängebauch aus. — Mit diesen Klagen, sagt der Dr. Dohlhoff in der zu den Acten gegebenen Druckschrift, kam die Geltner dann und wann zu mir, nicht gerade regelmässig, sondern bald in kürzeren, bald in längeren Zwischenräumen, je nachdem die

Schmerzen heftig und die Stuhlverstopfung und Harnverhaltung, von denen sie sehr geplagt wurde, hartnäckig waren. Ich konnte bei diesen Besuchen nicht verkennen, dass ihr Unterleib an Umfang zunahm, äusserte auch ganz unverholen gegen sie den Verdacht einer Schwangerschaft, deren Möglichkeit aber von ihr hartnäckig abgestritten wurde, indem sie jeden Umgang mit einem Manne läugnete. Ich konnte bei genauerer Untersuchung eine umschriebene und harte Geschwulst durch die Bauchdecken durchfühlen, und ich glaubte mich bei wiederholten Untersuchungen zu überzeugen, dass es mehr das Wachsthum dieser Geschwulst, als die allgemeine Ausdehnung des ganzen Unterleibes war, wodurch sein Umfang vermehrt wurde, der indess in einem solchen Maasse zunahm, dass er beim Gehen mit der vordern Fläche der Oberschenkel in stete Berührung kam. Durch die dadurch veranlasste Reibung entzündete sich die Haut, und es bildete sich dicht unterhalb des Nabels ein Geschwür von dem Umfange eines Thalers, welches so schmerzhaft war, dass es jede körperliche Bewegung fast unmöglich machte. Dieses war die erste Ursache, dass die Geltner am 8. Febr. 1838 wieder in die hiesige Krankenanstalt aufgenommen wurde. — In der Unterbauch-Gegend, auf der rechten Seite (auf dem Kamme des Hüftbeins) fühlte man jetzt deutlich eine runde, kindskopfgrosse Geschwulst, die sich deutlich hin- und herschieben liess und in einer Flüssigkeit zu schwimmen schien; überhaupt war jetzt deutlich eine Geschwulst durchzufühlen, die sich aufwärts bis zum Nabel erstreckte, und die sich, zumal wenn man den Hängebauch in die Höhe hob, auch deutlich bewegen liess. Das Fassen und Bewegen dieser Geschwulst, die unmittelbar unter den papierdünnen Bauchdecken lag, verursachte der Kranken heftige Schmerzen. Ausserdem äusserte sie die früheren Klagen über Schmerzen beim Urinlassen und über Stuhlverstopfung. Die heftigsten Schmerzen fanden besonders zur Nachtzeit statt; übrigens war sie gut genährt und sah trotz aller ihrer Klagen wohl aus.

Ueber das Befinden der Geltner während ihres jetzigen Aufenthaltes im Krankenhause geben die Depositionen des Wundarztes Bornemann und der Klinicisten Müller und Schlüter einige Auskunft. Ersterer sagt: Das Allgemeinbefinden der Geltner sei Anfangs bis auf hartnäckige Stuhlverstopfungen, welche nur Klystieren und Abführmitteln wichen, leidlich gewesen; sie habe jedoch von Anfang an über starke Schmerzen im Leibe geklagt, welche im Verlauf ihrer Anwesenheit im Krankenhause sich in dem Maasse gesteigert hätten, dass er mehrere Male des Nachts zu der

Kranken gerufen worden sei. Der Sitz ihrer Schmerzen sei nach ihrer Aeusserung der ganze Leib gewesen und vorzugsweise der untere Theil desselben, den sie oft mit beiden Händen umfasst habe. Gleich vom Anfange ihrer Aufnahme an habe sich unten im Leibe, rechts von der weissen Linie und etwas über dem horizontalen Aste des Schambeins, eine steinharte Geschwulst gezeigt, welche sich im Laufe der 5 Wochen, die sie im Krankenhause zubrachte, etwas vergrössert habe und schon Anfangs etwa so gross als ein mässiger Kindeskopf gewesen sei. Mit einem solchen sei die Geschwulst auch oft verglichen worden. Dieselbe sei beweglich und sowohl nach innen als nach dem Nabel hinauf verschiebbar gewesen; doch habe man hierzu einige Kraft anwenden müssen; die Bedeckungen darüber seien äusserst dünn und die Brüste der Kranken nicht sehr angespannt gewesen.

Die Aussagen der Klinicisten Müller und Schlüter stimmen hiermit im Wesentlichen überein. Der p. Müller sagt: Das Befinden der Kranken sei nicht gerade schlecht gewesen; sie habe zwar über Schmerzen im Leibe geklagt, indessen habe ihr Aussehen kein schweres Leiden verrathen; sie habe zwar keine Farbe gehabt, jedoch auch nicht livide ausgesehen; sie sei mehr aufgedunsen, als eigentlich wohlgenährt gewesen und habe kein Fieber gehabt, obschon sie beständig zu Bett gelegen; ihr Stuhlgang habe durch Arzneien bewirkt werden müssen.

Der Klinicist Schlüter giebt ferner an: Die Geltner habe besonders in der Nacht über bedeutende Schmerzen im Leibe geklagt, ohne jedoch sehr kraftlos und abgemagert zu sein; die Gesichtszüge und Augen hätten auf starke Schmerzen zu deuten geschienen, jedoch sei Fieber nicht vorhanden gewesen; dagegen habe sie fortwährend an Stuhlverstopfung und Harnverhaltung gelitten. — Der Chirurg Bornemann bemerkt indessen, dass die Geltner um die Mitte ihres Aufenthaltes im Krankenhause Fieber gehabt habe, so dass ihr zweimal zur Ader gelassen worden sei, worauf das Fieber verschwunden.

Ueber die Beschaffenheit des bei der Geltner vorhandenen Krankheitszustandes waren die Meinungen schwankend. Nach der Angabe des Bornemann glaubte man Anfangs, dass die Geltner schwanger sein könne; da dies jedoch von ihr selbst hartnäckig in Abrede gestellt wurde, und sowohl die durch den Dr. Dohlhoff, als auch die durch den Wundarzt Babethge angestellten Untersuchungen keine Symptome einer Schwangerschaft herausstellten, so wurde von dieser Meinung späterhin abstrahirt, und der

p. Dohlhoff glaubte nun, dass die Geschwulst von einer Desorganisation des Eierstockes herrühre.

In der letzten Zeit vor der Operation wurde die Geltner auch noch von dem Medicinalrath Dr. Brüggemann und dem Wundarzt Babethge untersucht. Nach Aussage des erstern lag die Geschwulst etwa in gleicher Höhe mit dem Hüftbeinkamme, rechts von der weissen Linie; sie war rund und schien so unmittelbar unter der äussern Haut zu liegen, dass ihm dieser Umstand gleich auffallend war. Auch glaubte er, eine grosse Beweglichkeit der Geschwulst zu bemerken. Der übrige Unterleib der Geltner war, soweit die Geschwulst sich nicht erstreckte, mehr schlaff, und schwappende Flüssigkeit in demselben nicht zu fühlen. Ebenso waren ausser der erwähnten Geschwulst anderweitige feste Theile im Leibe nicht zu bemerken. Der Dr. Brüggemann war daher der Meinung, dass die Geschwulst nur entweder von einer Bauchschwangerschaft, oder von einer Desorganisation eines der Organe des Unterleibes, insbesondere der Eierstöcke, herrühren könne.

Der Wundarzt Babethge wurde am 14. März 1838 von dem Dr. Dohlhoff, mit welchem er zufällig im Krankenhause zusammentraf, aufgefordert, die Geltner zu untersuchen. Die Untersuchung geschah äusserlich, bei horizontaler Lage der Kranken. Dieselbe zeigte einen sehr starken Hängebauch, welcher im Liegen etwa 6 Zoll auf den Oberschenkel herabreichte. Auf der rechten Seite nach unten fühlte man einen harten runden Körper, welcher sich hin- und her-, selbst bis zu dem Nabel hinaufschieben liess. Ausser diesem waren sonst feste Theile nicht zu erkennen. Der Leib war gleichförmig gespannt, und es liess die elastische Beschaffenheit desselben vermuthen, dass sich innerhalb der Bauchhöhle Flüssigkeit befinde. Kindesbewegungen konnte der Babethge nicht fühlen, und der Beschaffenheit des Nabels, sowie der Brüste erinnerte er sich bei seiner Vernehmung nicht mehr. Ob die, nach der Mittellinie des Leibes bewegliche Geschwulst auch in den Leib hineingeschoben werden konnte, hatte er nicht versucht. Uebrigens zeigte der Leib eine solche Ausdehnung, wie er bei schwangeren Frauen im achten oder neunten Monat zu haben pflegt. Die Hauptausdehnung aber erstreckte sich nach unten und rechts. Der Babethge äusserte sich hiernach gegen den Dohlhoff dahin, dass ihm eine Schwangerschaft möglich erschiene, worauf dieser ihm erwiderte, dass die Kranke die Möglichkeit davon noch Tags zuvor beharrlich geläugnet habe.

Schon einige Tage vor der an der Geltner vorgenommenen

Operation sprach der Dohlhoff gegen den Klinicisten Müller davon, dass, da die Geltner eine Schwangerschaft leugne, auch bestimmte Zeichen einer solchen nicht zu erkennen wären, die Kranke dagegen heftige Schmerzen leide, und man den Ausgang, wenn man sie so länger fortliegen lasse, gar nicht berechnen könne, — der Bauchschnitt bei derselben rathsam sein möchte, um den Inhalt ihres Bauches kennen zu lernen und sie von ihrer Last und Krankheit zu befreien. — Ebenso erklärte der Dohlhoff dem Babethge, nachdem dieser die Kranke untersucht hatte, dass er am folgenden Tage eine Operation an derselben vornehmen wolle, wozu der Babethge sich einfinden möge, um dabei zu assistiren.

Der Dohlhoff selbst giebt nun, theils in den Acten, theils in der von ihm herausgegebenen Druckschrift, über den damaligen Zustand der Kranken und seine Beweggründe zur Operation Folgendes an: Von einer im Unterleibe stattfindenden Bewegung und besonders von einer, die von der Geschwulst ausgegangen wäre, war nie die mindeste Spur vorhanden. Da eine deutliche Begrenzung der Geschwulst nach oben nicht zu fühlen war, so konnte man auch den Grund der Gebärmutter, die bis zu dieser Höhe gestiegen wäre, nicht argwöhnen. Der Nabel war stark nach unten und rechts gezogen, und seine Beschaffenheit konnte keinem bestimmten Urtheile zum Grunde gelegt werden, da die Narbe der frühern Operationswunde und mehrere andere von Moxen herrührende Narben auf seine Gestalt nicht ohne Einfluss geblieben waren. In den Brüsten zeigte sich keine Spur einer Absonderung. Die Exploration per anum ergab nichts Abnormes und überhaupt kein Resultat, welches zu einer bestimmten Erkenntniss hätte führen können. Die Exploration per vaginam zeigte, dass die Scheidenportion des Uterus nicht in der Führungslinie des Beckens, sondern nach hinten zu gerichtet stand und die normale Länge hatte, und dass der Muttermund die Form einer deutlichen Querspalte zeigte. — Da nun die Kranke fortwährend über die heftigsten Schmerzen im Leibe klagte, die besonders zur Nachtzeit einen so hohen Grad erreichen sollten, dass sie ihr jede Ruhe raubten, — da sie hartnäckige Stuhlverstopfungen und ab und zu auch heftiges Erbrechen und Schmerzen beim Urinlassen hatte, da ferner alle Zeichen fehlten, woraus die von der Kranken geleugnete Schwangerschaft hätte geschlossen werden können, da namentlich die Scheidenportion nicht verkürzt war, die Brüste keine Absonderung zeigten, eine Bewegung im Unterleibe weder vom Arzte beobachtet, noch von der Kranken jemals zugestanden wurde, da nach dem Ausbleiben der Menstruation der Termin einer regelmässigen Schwangerschaft längst verstrichen war, und die Geschwulst des Unterleibes mit der, welche von einer schwangern Gebärmutter herrührt, nicht die entfernteste Aehnlichkeit hatte, so entschloss sich der Dr. Dohlhoff, der Kranken die Hülfe, welche sie verlangte, dadurch zu gewähren, dass er eine Operation vornahm, welche er als einziges, oder doch jedenfalls zu rechtfertigendes Hülfsmittel ansah, es mochte nun ein entarteter Eierstock oder eine Bauchschwangerschaft vorhanden sein. — „Ich brauchte," sagt er in seiner Druckschrift, „gar nichts zu thun; ich konnte die Kranke ruhig liegen lassen, sie theilnehmend täglich besuchen und trösten; ich kann alle meine Kranken so liegen lassen, und es gäbe nichts Bequemeres, als dieses Handwerk — läge in meinem Berufe nicht die unbequeme Pflicht, Hülfe zu schaffen. Ich konnte warten und würde es auch gethan haben, hätte ich nur gewusst, wie lange. Seit länger als einem Jahre war die Kranke Hülfe begehrend zu mir gekommen, seit 5 Wochen hatte ich sie unausgesetzt unter Augen, ihre Klagen mehrten sich mit dem Wachsthum der Geschwulst, fortdauernde Schmerzen und schlaflose Nächte drohten ihre Kräfte zu verzehren; an das Bett gefesselt, zu einer beständigen Lage auf dem Rücken gezwungen, lebte sie ein jammervolles Dasein; noch waren ihre Kräfte nicht verzehrt, noch war kein Fieber eingetreten, wie lange sollte ich noch warten? Die Operation war nach meiner festen Ueberzeugung das einzige Hülfsmittel, ich musste sie unternehmen; und wenn ich heute wieder in dieselbe Lage käme, ich würde heute dieselben Schritte thun." —

Am 15. März 1838 wurde nun die Operation von Dr. Dohlhoff im Beisein der klinischen Zuhörer und des Wundarztes Babethge vorgenommen. Der Babethge musste die Kranke vorher noch einmal im Liegen untersuchen. „Hierbei ging ich," sagt er, „mit dem Zeigefinger kunstmässig in die Scheide ein, fand, dass der Gebärmutterhals nicht in der Führungslinie des Beckens, sondern mehr nach dem Kreuzbein hin gerichtet und durch den Finger schwer erreichbar war. Der Mutterhals war, wie im ungeschwängerten Zustande, weder erweicht, noch verkürzt, noch ergab der Muttermund eine runde Oeffnung, vielmehr eine deutliche Querspalte. Durch das Scheidengewölbe liessen sich weder Kindstheile, noch irgend ein anderer harter Körper fühlen. Eine Untersuchung durch den Mastdarm hat meinerseits nicht stattgefunden und überhaupt keine andere Exploration, wie z. B. durch das Stethoscop oder das Auflegen einer kalten Hand oder das Aufheben des Hängebauches."

Nachdem hierauf der Dohlhoff der Kranken eröffnet hatte, dass sie sich noch einmal operiren lassen müsse, dem sie sich schnell und ohne vieles Zureden unterwarf, indem sie nur weinend sagte, dass sie dieses Mal wohl daran sterben werde, wurde das, schon am Tage zuvor in die Nähe des Fensters gerückte Bett so herumgedreht, dass die Füsse nach dem Fenster hin lagen, und nun die Operation selbst vollzogen, welche der Dr. Dohlhoff folgendermassen beschreibt: „Alle Vorbereitungen waren getroffen, ich begann sofort. Die Kranke lag während der Operation ganz ruhig und äusserte ihren Schmerz nur durch Weinen und Klagen. Ich liess einen Gehülfen die Geschwulst von rechts nach oben heben und in der Nähe der einzuschneidenden Stelle fixiren. Nun schnitt ich in der weissen Linie ein, und wohl bedenkend, dass die Geschwulst dem Gefühle nach unmittelbar unter der Haut zu liegen schien, liess ich keine Falte aufheben, um in dieser die Haut mit einem Schnitte zu trennen, sondern ich schnitt ganz vorsichtig die Haut in der Länge von 3 Zoll mit kurzen Messerzügen durch, wobei ich bemerkte, dass dieselbe ausserordentlich dünn war. Dann lag eine Muskelschicht vor mir, es entstand eine unbedeutende Blutung, dem Anscheine nach aus den Venen stammend. Ich durchschnitt die Muskeln in derselben Richtung und sah eine weissliche Haut, die sich in die Schnittwunde vordrängte. In diese machte ich eine kleine Oeffnung, aus der eine bedeutende Menge einer hellen, durchsichtigen Flüssigkeit, in der kleine weisse Körperchen, wie Grütze, schwammen, ausfloss. Ich ging mit dem Finger in die gemachte Oeffnung ein, erweiterte dieselbe mit dem Knopfbistouri und hörte das Geschrei eines Kindes. Ich sah in die Höhle der Gebärmutter und entdeckte jetzt erst, worum es sich handelte. Anstatt den Bauchschnitt zu machen, hatte ich den Kaiserschnitt gemacht. Der Kranken wurde bemerklich gemacht, dass sie dennoch schwanger gewesen sei. „Ja!" erwiderte sie, „jetzt kann ich es nicht mehr leugnen. —"

Ausser diesen Angaben des Dohlhoff selbst finden sich in den Acten noch einige andere Aussagen über den Hergang bei der Operation. Der Wundarzt Babethge beschreibt dieselbe folgendermaassen: „Der Dohlhoff machte mit einem bauchigen Scalpell aus freier Hand und ohne Bildung einer Hautfalte auf dem harten und am meisten gewölbten, mehr nach rechts liegenden Theile des Hängebauches mit kurzen vorsichtigen Zügen einen Einschnitt durch die äusseren Bedeckungen, dessen Länge 4 — 5 Zoll betragen haben mag. Eine Verlängerung dieses ersten Hautschnittes ist später nicht vorgenommen worden. Der Schnitt verlief nach der Längenaxe des Körpers, zur rechten Seite der frühern Operationsnarbe. Nachdem die Haut durchschnitten war, wurde mit kurzen vorsichtigen Messerzügen tiefer geschnitten, und es stellten sich röthliche, den Muskelfasern ähnliche Theile in der Schnittfläche dar; ein nur geringer Blutfluss hinderte das deutliche Erkennen der in der Wunde belegenen Theile nicht, und wurde das sich ergiessende Blut sogleich durch Schwämme und Wasser entfernt. Ohne weitere Berathung oder Erörterung über die Beschaffenheit der eben bemerkten röthlichen muskelähnlichen Theile durchschnitt der Dohlhoff dieselben, und es stellte sich etwa in der Mitte der ganzen Wundspalte, und zwar in der Grösse eines Hühnereies, eine durchsichtige, dünnhäutige, dem Gefühle nach eine Flüssigkeit enthaltende Blase dar. Diese Blase, durch einen kleinen Einschnitt eröffnet, ergoss in einem Strome eine durchsichtige, dünne, nicht mit Blut gefärbte Flüssigkeit, deren Quantität ich nicht genau angeben kann. Durch das plötzliche Hervorspringen der Flüssigkeit wurde die Blasenöffnung so erweitert, dass ich nun in einem sich gegen die Schnittöffnung drängenden, harten Körper den Kopf eines Kindes erkannte. — Ohne sich weiter zu äussern, erweiterte der Dohlhoff die Theile unter der Schnittwunde der Haut nach oben und unten, so dass also der Grund der Wunde mit dem Hautschnitte eine gleiche Länge hatte. Dass der Dohlhoff, wie sich später erwies, die Gebärmutter durchschnitten habe, glaubte ich in diesem Augenblicke noch nicht, indem ich das Vorhandensein einer Bauchschwangerschaft annahm. Der Kopf des Kindes trat nun in die gemachte Schnittwunde; der Dohlhoff fasste denselben mit beiden Händen, zog ihn vollends heraus, griff dann hinter die hervorkommenden Achseln und zog ohne Anwendung von Gewalt die noch nicht zu Tage gekommenen Theile vollends heraus. Sobald das Kind aus dem Mutterleibe genommen war, fing dasselbe an zu schreien. Es wurde sodann die Nabelschnur unterbunden, durchschnitten, und dann das Kind Jemand, den ich nicht zu bezeichnen weiss, übergeben. Gleich nach Herausnahme des Kindes zog sich die Gebärmutter, als welche ich die von dem Dohlhoff durchschnittenen, tiefer gelegenen Theile deutlich erkannte, beträchtlich zusammen, indessen blieb die Schnittwunde in derselben so weit offen, dass der Dohlhoff seine Hand durch dieselbe in die Gebärmutter hineinführen und ohne Anwendung von Gewalt die Nachgeburt herausnehmen konnte. — Eine Verwachsung der Gebärmutter mit den Bauchdecken habe ich nicht wahrgenommen und ebenso wenig, dass nach Durchschneidung der

Bauchdecken eine dunkelblau gefärbte Geschwulst, in der man die geschwängerte Gebärmutter hätte erkennen können, in die Wundspalte getreten wäre. Der Mutterkuchen wurde nicht mit durchschnitten, da selbiger an der hintern Wand der Gebärmutter sass. Ein bedeutender Blutverlust hat so wenig beim Durchschneiden der Bauchdecken, wie beim Entfernen der Nachgeburt, noch auch beim Durchschneiden der Gebärmutter stattgefunden. Ich habe nicht wahrgenommen, ob der Dohlhoff sich durch Einführung eines Fingers oder der Sonde überzeugt hat, dass er bereits die Bauchhöhle eröffnet habe. Nach Reinigung der Wunde wurde, da die Blutung von selbst stand, die Wunde der Bauchdecken durch die blutige Naht vereinigt, und diese Vereinigung mittels Heftpflaster unterstützt."

Die Aussagen der bei der Operation gegenwärtig gewesenen Klinicisten stimmen mit vorstehenden Angaben ziemlich überein. Der Klinicist Müller sagt: „Der Leib der Geltner sei vorher von unten in die Höhe gehoben und die Geschwulst in demselben von einem Gehülfen an der nämlichen Stelle, wo sie lag, fixirt worden; an dem Leib seien mehrere Narben von Moxen vorhanden gewesen, und eine von einem Schnitt herrührende Narbe, etwa in der Mitte des Leibes und unterhalb des Nabels; diese Narbe sei auf der Geschwulst selbst verlaufen, jedoch so, dass der herabhängendste Theil der letztern sich unterhalb der Narbe, also weiter nach den Schenkeln gerichtet, befunden habe. Der ganze Leib sei ziemlich gleichmässig ausgedehnt gewesen, jedoch an seinem untern Ende, nach der rechten Seite zu, da, wo die Geschwulst gelegen, einigermassen in einer Spitze ausgelaufen. Die Geschwulst habe sich leicht verschieben und an ihrem untersten Theile anfassen lassen, wie ein Kindskopf, und an dieser Stelle habe sich nur eine dünne Scheidewand zwischen der fühlenden Hand und der Geschwulst befunden. Nachdem die Wunde nach oben und unten erweitert worden, sei die Fruchtblase in die ganze Länge der Wundspalte eingetreten und eingeschnitten, und hierauf durch den Babethge das Kind aus der Wunde herausgenommen, welches sodann ihm zur Reinigung u. s. w. übergeben worden sei."

Der Klinicist Schlüter bekundet, dass die Haut in der Richtung der weissen Linie, ohne Bildung einer Hautfalte, durchschnitten worden sei, worauf eine, der Muskelsubstanz ähnliche Masse hervorgedrungen sei, auf welche der Dohlhoff mit dem Bemerken, dass man jetzt auf die Muskelsubstanz komme, aufmerksam gemacht habe. Mit mehreren Messerzügen sei auch diese getrennt und eine in die Wunde eingetretene Haut angestochen, wornach durch Entleerung des

Wassers dieser Einschnitt bedeutend erweitert worden sei, so dass nun der Kopf des Kindes sichtbar geworden. Die Länge der Operationswunde habe ungefähr 4—4½ Zoll betragen.

Was nun den weitern Verlauf nach der Operation betrifft, so hat hierüber der Dohlhoff selbst in seiner Druckschrift Folgendes angegeben: „Bei der Operation verlor die Kranke keine bedeutende Quantität Blut; sie war aber gleich nach derselben kalt und pulslos und fing an zu brechen. Gegen Abend hob sich der Puls und wurde häufig und härtlich, so dass ein Aderlass von 12 Unzen gemacht werden musste. Das gelassene Blut hatte eine starke Entzündungshaut. Am folgenden Tage (dem 16. März) klagte die Kranke über heftige Schmerzen im Unterleibe, der aber nicht aufgetrieben und beim Druck nicht sehr empfindlich war. Die Schmerzen hatten ihren Sitz in der Oberbauchgegend und steigerten sich besonders bei dem immer häufiger werdenden Erbrechen. Aus dem untersten Winkel der Wunde war viel Jauche ausgeflossen. Nachdem Blutegel angesetzt waren, wurde der Unterleib warm fomentirt, und die Kranke bekam innerlich Brausepulver mit kleinen Dosen Opium; allein der Zustand änderte sich nicht, und die Geltner starb am 17. März früh um 10 Uhr, 46 Stunden nach der Operation."

Die Aussage des Wundarztes Babethge ist hiermit im Wesentlichen übereinstimmend.

Am 18. März Mittags 1 Uhr wurde die Section gemacht, d. h. die Bauchhöhle geöffnet. Der Dohlhoff selbst giebt hierüber theils in einer zu den Acten gegebenen schriftlichen Notiz, theils in seiner Druckschrift Folgendes an: „Eine weitere Todesursache als die Wunde ergab sich nicht; kein Blutextravasat, keine Entzündung, weder in den Gedärmen, noch in dem Bauchfell. Der Uterus hatte sich bis auf die Grösse einer Mannsfaust contrahirt; die Schnittflächen des Uterus lagen ziemlich dicht verklebt an einander, Darm und Netz waren nicht eingeklemmt. Auch die Wunde der Hautdecken hatte schon angefangen sich zu vereinigen; bei der Betrachtung der innern Fläche des Bauchfells und der Bauchmuskeln bestätigte sich die nach der Operation ausgesprochene Ueberzeugung, dass die durch die frühere Operation getrennt gewesenen Theile isolirt vernarbt waren, und dass daher die schwangere Gebärmutter, die gleichsam durch jene Spalte vorgefallen war, nur an der äussern Haut bedeckt geblieben war."

Demnächst hat der Wundarzt Babethge über den Sectionsbefund Folgendes zu Protocoll gegeben: „Nach Abnahme der Verbandstücke fand sich die Wunde in den Bauchbedeckungen noch ganz unverheilt. Dieselbe wurde erweitert, und auch ein Querschnitt gemacht. Da die von Luft ausgedehnten, aber weder von Fäulniss, noch von Entzündung ergriffenen Gedärme den Anblick der Gebärmutter verhinderten, so wurde der Dünndarm gänzlich aus der Bauchhöhle entfernt, worauf die in die Höhle des kleinen Beckens zurückgezogene Gebärmutter sichtbar wurde. Sie hatte die Grösse von etwa 2 Mannsfäusten, ihre Schnittwunde hatte sich beträchtlich verkleinert; ihre Farbe kann ich nicht mehr bestimmen. Weder in die Wunde der Gebärmutter, noch in die des Bauches fand sich ein Darm eingeklemmt. Eine Entzündung des Bauchfells habe ich nicht bemerkt, auch keine Blut- oder Eiterergiessungen in die Bauch- oder Beckenhöhle; auf solche Ergiessungen habe ich speciell geachtet; dagegen auf die Beschaffenheit der übrigen Unterleibseingeweide, als der Leber, Milz, Harnblase, des Magens und der Nieren, habe ich mein Augenmerk nicht gerichtet. Verwachsungen der Gedärme unter sich, sowie mit den anderen Baucheingeweiden habe ich nicht bemerkt."

Ausserdem hat der Klinicist Schlüter über den Sectionsbefund Folgendes deponirt: „Ich kam erst hinzu, als der Kreuzschnitt in den Bauchbedeckungen gemacht und die 4 Lappen zurückgelegt waren. Bornemann machte mich darauf aufmerksam, dass die äussere Haut durch die Operation am 15. März von Neuem durchschnitten sei, nicht aber das Peritonæum und die darunter befindliche Muskellage. Letzteres habe ich selbst wahrgenommen, denn es war an den genannten Theilen keine neue, blutige, sondern eine alte und bereits vernarbte Trennung bemerkbar, deren Ränder nicht scharf, sondern abgerundet waren. Auch machte Bornemann mich darauf aufmerksam, dass die äussere Haut da, wo die Geschwulst gelegen hatte, mit den Bauchmuskeln nicht zusammengewachsen, sondern davon etwas abstehend war. — Befragt, ob er an den zurückgelegten Lappen etwas gesehen, was auf einen Bauchbruch hätte schliessen lassen, erwiderte der Schlüter: „Ja, wie mir diese Lappen durch Bornemann gezeigt worden sind, war die obere Haut (epidermis und cutis) von den Bauchmuskeln und dem Peritonæum getrennt; wie weit diese Trennung in der Peripherie sich erstreckt hätte, wenn man die 4 Lappen wieder zusammengeklappt haben würde, weiss ich nicht. Uebrigens ist mir noch erinnerlich, dass Entzündungen in den Eingeweiden, Ergiessungen von Blut und Eiter in der Bauchhöhle nicht bemerkbar waren. Die Gebärmutter war bis zur Grösse einer Mannesfaust zusammengeschrumpft und lag im Becken."

Endlich hat noch der Klinicist Bornemann sich dahin geäussert, dass, nachdem der Kreuzschnitt in den Leib gemacht und die vier Lappen des Bauchfells zurückgeschlagen worden wären, der Dohlhoff darauf aufmerksam gemacht habe, dass nach der frühern Operation die durchschnittenen, muskulösen Theile sich damals nicht wieder vereinigt hätten, sondern isolirt vernarbt wären, und dass nur die obere Haut zusammengewachsen wäre. Durch die dergestalt gebildete Spalte sei die Gebärmutter während der letzten Operation hinein- oder hervorgetreten, und habe er so die letztere statt der Bauchmuskeln durchschnitten. Davon, dass die Bauchmuskeln in der angegebenen Art eine Spalte gehabt, habe er sich wirklich überzeugt, könne jedoch nicht angeben, wie breit und lang diese Spalte gewesen sei. Die Schnittwunde am Uterus habe er bei der Leichenöffnung zwar gesehen und wisse, dass sie mit der in den Bauchdecken genau correspondirt habe, könne jedoch nicht angeben, ob sie im Längendurchmesser des Uterus oder im Fundus desselben verlaufen sei. Der Uterus habe, er wisse nicht mehr, in welchem Becken gelegen, bis auf die Grösse einer Faust zusammengeschrumpft, und zwar horizontal, der Muttermund nach unten, der Fundus nach oben gerichtet. Er glaube, dass die Geltner in Folge der durch die Operation ihr verursachten Schmerzen gestorben sei, denn blutiges Extravasat oder Entzündung des Bauchfells und der Eingeweide habe er bei der Leichenöffnung nicht wahrgenommen.

Der Dohlhoff selbst hat sich über die Ursache des Todes der Geltner dahin ausgesprochen, dass er glaube, die fortwährenden Schmerzen, über welche dieselbe das ganze Jahr hindurch geklagt habe, und die ihr alle nächtliche Ruhe geraubt hätten, seien allerdings hier wohl als Momente in Anschlag zu bringen, welche bei Beurtheilung des tödtlichen Ausganges einer solchen Operation nicht unberücksichtigt bleiben könnten. Wären diese Krankheitssymptome nicht in so hohem Grade vorhanden gewesen, so sei es ihm nicht unwahrscheinlich, dass dieselbe die Operation glücklich überstanden haben würde, indem nicht Alle stürben, bei denen man den Gebärmutterschnitt mache.

Da nun der Dr. Voigtel, wie aus dem Obigen hervorgeht, seine Anzeige erst einen Monat nachher einreichte, so unterblieb die gerichtliche Obduction des Leichnams der Geltner, indem dieselbe nach dem Dafürhalten des Dr. Voigtel wegen der inzwischen nothwendig eingetretenen vollkommenen Verwesung aller Weichgebilde ohne Erfolg, auch deren Mangel für die Aufklärung der Sache von keiner besondern Erheblichkeit sein dürfte, da der Thatbestand durch eine Menge sachverständiger Zeugen vollkommen festgestellt werden könne.

Dem Kreisphysicus Dr. Voigtel wurde hiernächst von dem Königl. Inquisitoriate zu Magdeburg aufgegeben, die Seitens des Dohlhoff bei der Operation der Geltner vermuthete grobe Fahrlässigkeit vom ärztlichen Gesichtspunkt aus näher darzuthun. Im Verfolg dieser Requisition reichte derselbe unterm 30. Mai 1838 ein ausführliches Gutachten ein, in welchem er sich über das Verfahren des Dohlhoff im Wesentlichen dahin äussert: 1) dass der Dohlhoff vor Verrichtung der Operation von dem Krankheitsobject eine möglichst genaue Kenntniss durch sorgfältige Untersuchung sich nicht verschafft habe; 2) dass er sich vor Beginn der lebensgefährlichen Operation von ihrer Zweckmässigkeit und absoluten Nothwendigkeit nicht überzeugt habe; 3) dass er die Geltner von der ihr daraus erwachsenden Lebensgefahr nicht in Kenntniss gesetzt und ihre Genehmigung dazu nicht eingeholt habe, und 4) dass er bei Ausführung der Operation selbst in technischer Hinsicht nicht die grösste Vorsicht und möglichste Kunstfertigkeit entwickelt habe.

Diese Anschuldigungen hat der Dr. Dohlhoff sodann bei seiner Vernehmung zu entkräften gesucht, indem er hinsichtlich des ersten Punktes angiebt, dass er sich allerdings bemüht habe, eine genaue Diagnose zu machen, indem er die Kranke lange Zeit fortgesetzt beobachtet und selbst andere Aerzte, den Dr. Brüggemann und Wundarzt Babethge, hinzugezogen habe. Für die Annahme einer Entartung des Eierstockes oder einer Bauchschwangerschaft hätte aber gesprochen: 1) das frühere Unwohlsein der Geltner; 2) die Krankheitserscheinungen im letzten Jahre; 3) die Art und Weise, wie sich die Geschwulst habe anfühlen lassen, und wie dieselbe zugenommen habe, sowie der Sitz und die Beweglichkeit derselben beim Mangel aller übrigen Kennzeichen, die für eine regelmässige Schwangerschaft sprechen könnten, mit Ausnahme der seit dem März 1837 ausgebliebenen Menstruation und der Zunahme des Umfanges des Unterleibes, welche beide Zeichen für sich allein jedoch durchaus nicht zu der Annahme einer regelmässigen Schwangerschaft berechtigten; 4) der Umstand, dass er häufig die Geschwulst in die Höhe gehoben und bewegt und dabei nie auch nur im Geringsten eine Bewegung in derselben wahrgenommen habe. Um dies zu untersuchen, habe er den Unterleib der Geltner unzählige Mal, sowohl stehend, als liegend im Bett, untersucht und die Geschwulst selbst dabei in die Höhe gehoben und stark gedrückt. Die Geltner durch eine Hebamme untersuchen zu lassen, sowie die Anwendung des Stethoscops, das Auflegen der kalten Hände auf den Unterleib und die Untersuchung in horizontaler Körperlage mit erhöhtem Kreuze, während ein Gehülfe mittels eines Handtuchs den Hängebauch stark hinaufgehoben, habe er unterlassen, weil er zu dem Allen keine Veranlassung gehabt habe, wobei er jedoch bemerken müsse, dass es Winterszeit und seine Hand daher nichts weniger als warm gewesen sei. Zur Anwendung des Stethoscops habe er sich nicht veranlasst gefunden, weil es ihm nicht im Entferntesten habe in den Sinn kommen können, die Geltner für eine regelmässig Schwangere zu halten, er auch diesem Untersuchungsmittel überhaupt nicht den Werth beilege, der ihm von einigen Kunstgenossen beigemessen werde; er halte die von ihm angestellte Untersuchung für erschöpfend.

Hinsichtlich des zweiten Punktes in dem Gutachten des Dr. Voigtel bemerkt der Dohlhoff, dass die Operation seiner Ueberzeugung nach das einzige Mittel gewesen sei, das Leben der Kranken zu erhalten; die Gründe zu dieser Ansicht lägen in dem Verlauf der Krankheit, in den die Geltner quälenden Krankheitserscheinungen, in der fortwährenden Zunahme des Uebels, darin, dass kein Arzneimittel ihr Linderung verschafft habe, vorzugsweise aber in der Diagnose. Bei einer Bauchschwangerschaft sei, wenn das Kind ausgetragen und selbst schon todt sein sollte, die Operation des Bauchschnittes gerechtfertigt, welche zwar lebensgefährlich sei, aber doch nicht nothwendig in allen Fällen den Tod zur Folge habe.

In Ansehung des dritten Vorwurfes, dass er die Einwilligung der Kranken zu der lebensgefährlichen Operation nicht eingeholt habe, bemerkt der Dohlhoff, dass dieses allerdings geschehen sei, indem er ihr gesagt habe, sie müsse sich operiren lassen, wogegen sie keine Einwendung erhoben, während sie doch schon bei ihrer frühern Operation erfahren habe, dass dieselbe lebensgefährlich sei, indem sie sich damals, wenn er nicht sehr irre, vor der Operation das Abendmahl habe geben lassen.

Anlangend endlich die vierte Behauptung, dass er bei der Operation nicht hinreichende Vorsicht und Kunstfertigkeit bewiesen habe, so wird auch diese von dem Dohlhoff bestritten, indem er anführt, dass er in der alten Narbe eingeschnitten habe, und zwar ohne Faltenbildung, dass er dies aber gerade in diesem Falle für angemessen gehalten habe. Er habe nur die Unterleibshöhle öffnen wollen, auch nach Durchschneidung der Haut nicht durch Einführung der Finger oder einer Sonde untersucht, ob die Unterleibshöhle bereits eröffnet sei, weil solche Manipulationen nach seiner Diagnose unstatthaft, überflüssig, wegen Verzögerung der Operation und Zutritts der Luft nachtheilig gewesen sein und wahrscheinlich kein sicheres Resultat gewährt hahen würden. Bei der Ausdehnung des Unterleibs und bei der dadurch bewirkten Lageveränderung der Theile, welche nebst einer Veränderung der Organisation schon durch die frühere Operation veranlasst sein konnte, habe es ihm nicht auffallend sein können, nach Durchschneidung der Haut Muskelmassen in der Lage der weissen Linie zu finden.

Nachdem die gerichtliche Untersuchung nunmehr geschlossen war, wurde das Hohe Ministerium der geistlichen, Unterrichts- und Medicinal-Angelegenheiten ersucht, von einem andern Medicinal-Collegio, als dem der Provinz Sachsen, ein Gutachten in dieser Sache erstatten und in demselben acht speciell vorgelegte Fragen beantworten zu lassen. Das Königl. Medicinal-Collegium der Provinz Brandenburg wurde hiermit beauftragt, welches in seinem unterm 26. Februar v. J. erstatteten Gutachten sich dahin erklärte:

1) dass nach dem jetzigen Stande der medicinischen Wissenschaft und unter Anwendung aller durch sie dargebotenen Mittel das Vorhandensein eines lebendigen, der Reife ganz nahen Kindes im Uterus nicht unter allen Umständen und nicht in jedem Falle mit Sicherheit erkannt werden könne.

2) dass die Erkenntniss der Schwangerschaft der Geltner am 15. März 1838 mit Rücksicht auf deren Ansehen, Befinden und ihr Verhalten seit der Operation vom 19. September 1836 nicht unmöglich, aber doch ungewöhnlich schwierig gewesen sei.

3) dass eine gewöhnliche Gebärmutterschwangerschaft bei der Geltner unter den ermittelten Umständen ein ausser aller Berechnung liegendes Ereigniss nicht gewesen sei.

4) dass der Medicinalrath Dohlhoff die Geltner in Bezug auf Schwangerschaft nicht mit der durch die Umstände und seine Absicht, ihr den Leib aufzuschneiden, gebotenen Vorsicht und erschöpfenden Genauigkeit explorirt habe.

5) dass die Laparotomie bei Annahme einer Degeneration der Ovarien nicht hinlänglich, bei der einer Abdominal-Schwangerschaft aber keinen Falls bereits indicirt gewesen sei.

6) dass es in dem quaest. Falle mehr als gewöhnlicher, von jedem Operateur zu fordernder Kenntnisse und Kunstfertigkeit bedurft habe, um die Incision des frei in der Bauchhöhle liegenden, regelmässig

beschwängerten Uterus, bei bloss beabsichtigter Eröffnung des cavi abdominis zu verhüten.

7) dass nicht zu bestimmen sei, ob die Geltner, wenn die Operation nicht gemacht wäre, auf gewöhnlichem, natürlichem Wege von ihrer Frucht ohne besondere Lebensgefahr entbunden sein würde.

8) dass anzunehmen sei, dass die Geltner in Folge der Operation, jedoch nicht ohne alle Mitwirkung ihrer abnormen individuellen Körperbeschaffenheit gestorben sei.

In der hierauf zu den Acten gereichten Vertheidigungsschrift für den Dr. Dohlhoff kommt der Defensor desselben zu folgenden Resultaten:

1) dass der Dohlhoff in Erkennung der Krankheit der Geltner geirrt und in Anwendung der Erkennungsmittel gefehlt habe, ohne dass er sich jedoch dabei einer groben Vernachlässigung seiner Berufspflichten schuldig gemacht habe, und ohne dass der Einfluss sich nachweisen lasse, welchen die Anwendung der von ihm nicht angewendeten Erkennungsmittel auf die Behandlung der Kranken gehabt haben würde.

2) Dass ferner, abgesehen vom Irrthum in der Diagnose, das von dem Dohlhoff angewandte Heilmittel — die Operation — von ihm aus Gründen und mit guter Ueberlegung gewählt sei, und dass, wenn diesen Gründen auch in dem Gutachten des Med.-Collegii kein Beifall gegeben werde, dieselben doch vollkommen genügten, ihn gegen den Verdacht einer unüberlegten Handelsweise und eines dadurch begangenen groben Versehens zu schützen.

3) Dass der unter Mitwirkung eines nervösen Krankheitszustandes als Ursache des Todes der Geltner zu betrachtende Schnitt in die Gebärmutter ein den Umständen nach sehr schwer zu vermeidendes, folglich keinenfalls strafwürdiges Versehen gewesen sei.

Da nun das Gesetz nur grobe Vernachlässigungen der Berufspflichten mit Strafe bedrohe, die Handlungen und Unterlassungen des Dohlhoff aber dahin nicht gehörten, so müsse eine gänzliche und kostenfreie Freisprechung desselben erfolgen, auf welche demnach angetragen werde.

Der Criminal-Senat des Königl. Oberlandesgerichts zu Magdeburg verurtheilte jedoch den Dr. Dohlhoff in erster Instanz wegen Beschädigung der unverehelichten Geltner am Leben aus grober Fahrlässigkeit zu einer 6monatlichen Gefängnissstrafe und zur Tragung der Untersuchungskosten.

Der Dr. Dohlhoff ergriff gegen dieses Erkenntniss das Rechtsmittel der weitern Vertheidigung und trug darauf an, dass diese dem Garnison-Stabsarzt Dr. Reiche zu Magdeburg und dem Kreisphysicus Dr. Koch zu Neuhaldensleben übertragen würde. Diesem wurde gewillfahrt und von den genannten Aerzten eine ausführliche Defensionalschrift zu den Acten gebracht, deren wesentlichen Inhalt diese selbst mit folgenden Worten bezeichnen:

1) Der Angeschuldigte ist nicht allein nach seinen Einlassungen zu den Acten zu beurtheilen, weil dieselben, in Folge von seiner Seits unverschuldeten starken Gemüthsbewegungen, nicht mit der erforderlichen Vorsicht gegeben sind, ja sogar mit anderweitig erwiesenen und den Angeschuldigten exculpirenden Thatsachen in Widerspruch stehen.

2) Bei Untersuchungen gegen Medicinalpersonen wegen Fahrlässigkeit unterliegt die Frage: ob die erfolgte Rechtsverletzung bei Voraussetzung einer gewöhnlichen technischen Bildung ohne Anstrengung der Aufmerksamkeit zu vermeiden gewesen wäre, oder ob dazu eine gewöhnliche oder eine aussergewöhnliche Anstrengung erforderlich gewesen? — ausschliesslich der technischen Ermittelung und Beurtheilung.

3) Die unbedingte Forderung des Gesetzgebers oder Richters an den Arzt: „dass er weder durch Handlungen, noch durch Unterlassungen Anderer Leben und Gesundheit in Gefahr setze," — würde einem gänzlichen Verbote der Heilkunde gleichzustellen sein.

4) Die Phänomene an der denata vor der vom Angeschuldigten im Jahre 1838 ausgeführten Operation waren von der Art, dass sie einen so hohen Grad von Wahrscheinlichkeit: „die Geltner sei nicht schwanger," — begründeten, um vom Angeklagten, wie von jedem Andern der Gewissheit gleich geachtet zu werden, und zwar unter Umständen, dass Gründe von nur einiger Erheblichkeit für die Existenz einer Schwangerschaft nicht ermittelt worden waren.

5) Der Angeschuldigte hat den Versicherungen der denata, nicht schwanger sein zu können, Glauben geschenkt und war dazu durch die concurrirenden Umstände und durch alle Gründe der Menschenkenntniss berechtigt.

6) Obgleich die durch Obiges motivirte subjective Gewissheit der Nichtschwangerschaft schon die Nutzlosigkeit anderweitiger Prüfungsmittel in sich begreift, so ist doch die Beschuldigung, die letzteren versäumt zu haben, einestheils thatsächlich unrichtig, anderntheils waren sie unausführbar, vor allem aber war eine Möglichkeit, durch dieselben die Schwangerschaft zu entdecken, in casu nicht vorhanden.

7) Der Angeschuldigte war durch den Krankheitszustand der denata berechtigt, der letztern den Bauchschnitt als einziges Rettungsmittel anzurathen und denselben nach erfolgter Einwilligung auszuführen.

8) Die Forderungen an den Arzt: ohne unzweifelhafte Diagnose keine Operation zu unternehmen, ist in praxi unausführbar und verleitet zuweilen zu fahrlässigen Beschädigungen durch Unterlassungen vorhandener Rettungsmittel.

9) Die von dem Königl. Medicinal-Collegio aufgestellten Indicationen zum Bauchschnitt bei Eierstocks-Degenerationen und Bauchschwangerschaft sind als Maassstab zur Beurtheilung des in Rede stehenden operativen Verfahrens nicht geeignet.

10) Die Gefahr des unbeabsichtigten Kaiserschnittes bei der Geltner war noch bedeutend geringer, als die Gefahr der natürlichen Entbindung, und war das einzige Mittel der letztern zuvorzukommen.

11) Es ist ausser allen Zweifel gesetzt, dass denata die Gefahr der Operation kannte und ihre vollständige Einwilligung zu derselben gegeben hat.

12) Aus allem diesen aber folgt, dass dem Angeschuldigten der unglückliche Ausgang der an der Geltner vorgenommenen Operation nicht angerechnet werden könne und ihn also nicht strafbar mache.

Was den sub No. 11 angeführten Umstand betrifft, so ist noch zu bemerken, dass der Superintendent Assmann zu Magdeburg bescheinigt, dass er vor beiden Operationen (1836 und 1838) die Geltner besucht und beide Mal ihr das Abendmahl gereicht habe, und dass sie das letzte Mal um ihr Leben besorgter geschienen und sich auch dahin geäussert habe.

Das Königl. Inquisitoriat zu Magdeburg hielt hierauf eine weitere Würdigung des Verfahrens des Dr. Dohlhoff bei der Operation für erforderlich und trug auf die Erstattung eines Gutachtens von der unterzeichneten Deputation über folgende Punkte an:

1) Ist Uterinal-Schwangerschaft in dem Stadium, in welchem sie bei der Friederike Geltner war, überhaupt verkennbar und war sie es in specie bei der Geltner?

2) War im Bejahungsfalle dieser Frage bei der Geltner doch Wahrscheinlichkeit einer Schwangerschaft vorhanden oder nicht, und im ersten Falle einer uterina oder extrauterina?

3) Deutete im Verneinungsfalle ad 2 der Zustand und das Verhalten der Geltner auf eine Degeneration der Ovarien?

4) War die Exploration des Angeschuldigten ausreichend, um

die Gewissheit der Nichtschwangerschaft bis zu dem Maasse festzustellen, dass er den Bauchschnitt unternehmen durfte? Würden andere Prüfungsmittel nutzlos und unausführbar gewesen sein?

5) War der Bauchschnitt sowohl bei der Annahme einer Extrauterinalschwangerschaft, als einer Degeneration der Ovarien indicirt?

6) Fällt die durch das Zurücktreten der Bauchmuskeln in Folge der frühern Operation entstandene abnorme Lage des Uterus in den Bereich derjenigen Umstände, welche von dem Angeschuldigten als wahrscheinlich oder doch möglich vorauszusetzen und zu berücksichtigen waren?

7) Entspricht das Verfahren des Dohlhoff bei Ausführung der Operation der durch die damit an sich verbundene Gefahr im Allgemeinen, und durch die in Folge der ersten Operation möglicher Weise veränderte Lage des Uterus hier im Besondern gebotenen Vorsicht und Umsicht, oder lässt sich vielmehr annehmen, dass bei pflichtmässiger Berücksichtigung aller concreten Verhältnisse die Incision des Uterus zu vermeiden gewesen wäre?

Gutachten.

Durch die erste Frage verlangt das Königl. Inquisitoriat Auskunft darüber, ob Uterinal-Schwangerschaft in dem Stadium, in welchem sie bei der Friederike Geltner war, überhaupt verkennbar sei, und ob sie es in specie bei der Geltner gewesen sei?

Hierauf muss die unterzeichnete Deputation erwidern, dass die Zeichen der Schwangerschaft in den letzten Monaten derselben zwar ungleich sicherer sind, als in ihrer ersten Zeit, und zwar in der Regel um so zuverlässiger, je weiter die Schwangerschaft in ihrem Verlaufe bereits vorgerückt ist, dass jedoch auch noch in dieser letzten Zeit Irrungen möglich sind, und dass es keine Erscheinung giebt, welche unter allen Umständen und mit völliger Bestimmtheit das Vorhandensein einer Schwangerschaft darthäte.

Die in der ersten Hälfte der Schwangerschaft eintretenden Veränderungen: die mancherlei Beschwerden und kränklichen Zufälle, das Ausbleiben der monatlichen Reinigung, die beginnende Anschwellung des Unterleibes, die schon jetzt wahrnehmbare Veränderung in der Beschaffenheit der Scheidenportion und des äussern Muttermundes

u. s. w. können hier übergangen werden, da nur von der Erkennbarkeit der Schwangerschaft in ihrer letzten Periode die Rede ist.

Aber auch in ihrer zweiten Hälfte bietet die Schwangerschaft nicht immer zuverlässige Kennzeichen dar. Die allmälig zunehmende und bis über den nach aussen hervortretenden Nabel hinaufsteigende Anschwellung des Unterleibes kann eben sowohl auch durch mancherlei andere krankhafte Zustände im Unterleibe hervorgebracht werden, und das regelmässige Fortschreiten jener Anschwellung bei wirklich vorhandener Schwangerschaft kann, obschon eine solche stattfindet, fehlen, weil die Gebärmutter oder das Kind eine regelwidrige Lage angenommen haben, wozu durch mannigfache äussere oder innere Ursachen Veranlassung gegeben werden kann. Auch die bei regelmässig verlaufender Schwangerschaft gewöhnlich eintretende Erweiterung des Nabelringes und kegelförmige Hervortreibung der allgemeinen Bedeckungen in der Nabelgegend kann alsdann fehlen. Die Bewegungen des Kindes, die allerdings beim Auflegen einer kalten Hand am frühen Morgen am deutlichsten gefühlt werden, sind, abgesehen davon, dass sie bei einer todten Leibesfrucht ganz mangeln, je nach der verschiedenen Beschaffenheit und Lage des Kindes, der Menge des Fruchtwassers u. s. w. bald mehr, bald weniger deutlich wahrzunehmen und können eine kürzere oder längere Zeit hindurch auch gar nicht stattfinden, sowie auf der andern Seite Fälle vorgekommen sind, in denen mancherlei Bewegungen anderer Art im Unterleibe für Kindesbewegungen fälschlich gehalten wurden. Die Scheidenportion der Gebärmutter, die in der Schwangerschaft allmälig mehr und mehr verkürzt wird und einen dicken, wulstigen, mit dem Finger schwer zu erreichenden Muttermund von rundlicher Gestalt darbietet, kann diese Beschaffenheit auch in Folge von mancherlei krankhaften Zuständen annehmen, und der bei regelmässiger Lage des Kindes in der letzten Zeit der Schwangerschaft durch das Scheidengewölbe zu fühlende Kindeskopf kann nicht wahrzunehmen sein, wenn das Kind eine regelwidrige Lage angenommen hat, welche selbst von solcher Beschaffenheit sein kann, dass überhaupt kein vorliegender Theil des Kindes deutlich wahrzunehmen ist. Ebensowenig zuverlässig ist das Anschwellen der Brüste und die beginnende Absonderung der Milch in denselben, da beides auch bei Nichtschwangeren vorgekommen ist und häufig bei wirklich Schwangeren fehlt. Was endlich die Auscultation betrifft, und zwar sowohl die unmittelbare, mit dem unmittelbar an den Unterleib angelegten Ohr, als auch die mittelbare, mittels des Stethoscops, so gewährt diese bei erlangter Uebung in ihrer Anwendung zwar allerdings ein sehr sicheres Zeichen, indem man dabei theils die von den Pulsschlägen der Mutter wohl zu unterscheidenden Herzschläge des Kindes, theils ein eigenthümliches, sogen. Gebläsgeräusch wahrnimmt, welches von dem Durchströmen des Blutes durch die Venen der Gebärmutter und des Mutterkuchens herzurühren scheint; allein theils erfordert dieses noch nicht allgemein in Gebrauch gekommene Untersuchungsverfahren zu seiner erfolgreichen Anwendung eine durch längere Uebung erlangte Fertigkeit, theils können auch hier Umstände eintreten, welche die Anwendung dieses Verfahrens fruchtlos oder wenigstens unsicher machen, wohin z. B. gewisse abnorme Lagen der Frucht und der sie umgebenden Theile oder das zufällige Vorhandensein anderer täuschender Geräusche im Unterleibe u. s. w. gehören.

So wie aber die genannten Erscheinungen der Schwangerschaft einzeln genommen oft keine Gewissheit über den wirklich vorhandenen Zustand geben, so hat auch selbst die Gesammtheit derselben und ihre Vergleichung unter einander, sowie die Wiederholung der Exploration zu verschiedenen Zeiten zuweilen im Stich gelassen, obschon allerdings auf diese Weise in den meisten Fällen zu einem sichern Resultate zu gelangen ist.

Wenn nun aus dem Vorstehenden hervorgeht, dass selbst die gewöhnliche Uterinal-Schwangerschaft auch noch in ihrer letzten Zeit, mithin auch in dem Stadium, in welchem sich Friederike Geltner befand, überhaupt verkennbar ist, so folgt hieraus schon, dass sie es auch in specie bei der Geltner sein musste. Sie konnte hier aber um so eher verkannt werden, da zugleich mancherlei abnorme Zustände bei ihr stattfanden. Die Menstruation war schon seit 12 Monaten ausgeblieben, wodurch man sich für berechtigt halten konnte, ihr Ausbleiben einer andern Ursache, als einer etwa vorhandenen Schwangerschaft zuzuschreiben; an mancherlei Krankheitszufällen hatte die p. Geltner auch schon früher gelitten, man war dadurch sogar schon einmal zur Vornahme der Laparotomie bewogen worden und konnte daher veranlasst werden, auch die später eingetretenen Erscheinungen einer andern Ursache, nicht aber einer vorhandenen Schwangerschaft zuzuschreiben; wegen der regelwidrigen Lage des Uterus und mit ihm des Kindes hatte die Ausdehnung des Unterleibes eine andere Beschaffenheit angenommen, als sie gewöhnlich in der Schwangerschaft zu haben pflegt. Der vorliegende Kopf des Kindes war deshalb durch den Scheidengrund nicht zu fühlen, und der äussere Muttermund zeigte eine andere Beschaffenheit, als er gewöhnlich in der Schwangerschaft, namentlich in der letzten Zeit derselben, zu haben pflegt. Endlich waren auch die Brüste nicht angeschwollen und eine Milchabsonderung in denselben nicht eingetreten. Hieraus geht demnach hervor, dass in specie auch bei der Geltner die vorhandene Uterinal-Schwangerschaft verkennbar war.

Die der Deputation ferner vorgelegte zweite Frage lautet:

War im Bejahungsfalle der ersten Frage bei der Geltner doch Wahrscheinlichkeit einer Schwangerschaft vorhanden oder nicht, und im ersten Falle einer uterina oder extrauterina?

Um diese Frage zu beantworten, werden die bei der p. Geltner wahrgenommenen Erscheinungen zu prüfen und dabei zu bedenken sein, inwiefern dieselben für eine vorhandene Schwangerschaft sprachen oder nicht, wobei jedoch nur diejenigen Phänomene in Erwägung zu ziehen sein werden, welche von den Aerzten, insbesondere dem Dr. Dohlhoff, wirklich wahrgenommen worden sind, wogegen von denjenigen wird abgesehen werden müssen, welche vielleicht bei einer genauern und sorgfältigern Untersuchung noch hätten wahrgenommen werden können.

Der Verdacht einer vorhandenen Schwangerschaft konnte aber erregt werden 1) dadurch, dass die monatliche Reinigung bei der Geltner ausgeblieben war; 2) durch die allmälig mehr und mehr zunehmende Anschwellung des Unterleibes, wobei der Umstand, dass der angeschwollene Unterleib nicht die bei Schwangeren gewöhnliche Form angenommen hatte, nicht irre machen musste, da solches leicht aus der schon vorhergegangenen Operation und deren Folgen erklärt werden konnte und als eine fast nothwendige Folge der dadurch hervorgebrachten Veränderung in der Beschaffenheit der Bauchdecken angesehen werden musste; 3) kommt auch die Aehnlichkeit hierbei in Betracht, welche der unter den ausgedehnten Bauchdecken am meisten hervorragende Theil der Geschwulst mit dem Kopfe eines Kindes hatte, mit welchem derselbe nach Inhalt der Acten auch häufig verglichen worden ist. — Ausserdem litt die Geltner zwar auch, wie es Schwangere häufig zu thun pflegen, an mancherlei Beschwerden und Krankheitszufällen, allein theils waren dieselben nicht gerade von derjenigen Beschaffenheit, wie sie bei Schwangeren vorzukommen pflegen, theils fanden sie bei der p. Geltner auch schon in einer frühern Zeit statt, wo eine Schwangerschaft erwiesenermassen noch nicht eingetreten war, so dass demnach durch diese der Verdacht einer Schwangerschaft nicht wohl begründet werden konnte, wogegen die zuvor genannten Umstände allerdings dazu geeignet waren, die Aufmerksamkeit der Aerzte auf diesen Gegenstand zu lenken.

Auf der andern Seite walteten jedoch allerdings auch mancherlei Umstände ob, welche darzuthun schienen, dass die p. Geltner nicht schwanger sei. — Die monatliche Reinigung cessirte schon seit 12 Monaten, woraus hervorgeht, dass ihr erstes Ausbleiben nicht der spätern Schwangerschaft zuzuschreiben war. Der Mutterhals war, nach der Angabe des Wundarztes Babethge, noch am Tage der Operation wie im ungeschwängerten Zustande, weder erweicht, noch verkürzt; auch zeigte der Muttermund nicht eine runde Oeffnung, sondern vielmehr eine deutliche Querspalte, und durch das Scheidengewölbe liessen sich weder Kindestheile, noch sonst irgend ein harter Körper fühlen. — Ausserdem sind Kindesbewegungen von den Aerzten bei den durch sie angestellten Untersuchungen nicht wahrgenommen, und in den Brüsten der Geltner zeigte sich, nach der Versicherung des Dohlhoff, keine Spur einer Absonderung. — Von dem Umstande, dass die Geltner selbst die Möglichkeit einer Schwangerschaft gänzlich leugnete, kann hierbei füglich abgesehen werden, da theils der Arzt einer solchen Behauptung überhaupt keinen Werth beilegen darf, theils der leicht zu ermittelnde Mangel der physischen Merkmale der Jungfernschaft über die Möglichkeit einer stattfindenden Schwangerschaft Auskunft zu geben vermochte.

Insofern nun die hier zuletzt genannten Umstände mit einigem Gewicht dafür zu sprechen schienen, dass die p. Geltner nicht schwanger sei, kann nicht behauptet werden, dass Wahrscheinlichkeit einer Schwangerschaft bei ihr vorhanden gewesen sei, obschon die zuerst genannten Erscheinungen den Gedanken an die Möglichkeit einer solchen allerdings anregen müssten.

Anlangend die dritte Frage: ob im Verneinungsfalle der vorigen der Zustand und das Verhalten der Geltner auf eine Degeneration der Ovarien gedeutet habe? — so ist in dieser Hinsicht zu bemerken, dass die Erkenntniss der mannigfachen Degenerationen, denen die Ovarien unterworfen sein können, überhaupt sehr schwierig ist, und dass ganz bestimmte Zeichen, an denen dieselben erkannt werden können, sich bisher nicht ergeben haben. Im vorliegenden Falle konnte jedenfalls nur die Rede sein von einer, mit einer bedeutenden Anschwellung, namentlich des rechten Eierstockes, verbundenen Degeneration. Bei acut verlaufenden, entzündlichen Affectionen wird eine so bedeutende Anschwellung nicht leicht erfolgen; auch sind damit lebhafte Schmerzen in der krankhaft afficirten Gegend, anhaltendes Fieber und andere Erscheinungen verbunden, welche im vorliegenden Falle nicht wahrgenommen worden sind. Es konnte daher nur von einer chronischen mit starker Vergrösserung des Volumens verbundenen Entartung die Rede sein. Dergleichen entstehen aber in der Regel nur sehr allmälig und nehmen einen sehr langsamen Verlauf, so dass der dadurch ausgedehnte Unterleib erst weit später einen solchen Umfang zu erlangen pflegt, wie ihn die rascher und mit einer bestimmten Regelmässigkeit verlaufende Schwangerschaft weit eher hervorbringt. Insofern auch eine solche Entartung der Eierstöcke einen nicht unbedeutenden Krankheitsprocess darstellt, sind gewöhnlich mancherlei besondere Krankheitserscheinungen damit verbunden und zwar theils allgemeine, theils und besonders örtliche, von dem Drucke auf die benachbarten Bauch- und Beckeneingeweide herrührend. Insbesondere kommt hier die in der Regel bewirkte Lagenveränderung des Uterus in Betracht, welcher gewöhnlich nach der entgegengesetzten Seite hinübergedrängt wird und bei zunehmender Anschwellung des Eierstockes einen tiefern Stand anzunehmen genöthigt wird, so dass die Scheidenportion und der Muttermund seitwärts und tiefer steht, als im normalen Zustande, welches alles bei der Geltner nicht der Fall war, bei welcher vielmehr der Gebärmutterhals nach dem Kreuzbein hin gerichtet war und so hoch stand, dass er mit dem Finger kaum erreicht werden konnte.

Wegen der grossen Verschiedenheit der Erscheinungen und des Verlaufs, welche man bei den mannigfachen Entartungen der Eierstöcke beobachtet hat, wegen des Mangels entscheidender Kennzeichen und der daher rührenden Unsicherheit in der Diagnose überhaupt, konnte daher auch im vorliegenden Falle das Vorhandensein einer Degeneration der Ovarien als möglich allerdings gedacht werden, als wahrscheinlich vorhanden war dieselbe aber nicht anzunehmen.

Die hiernach zu erörternde vierte Frage lautet: War die Exploration des Angeschuldigten ausreichend, um die Gewissheit der Nichtschwangerschaft bis zu dem Maasse festzustellen, dass er den Bauchschnitt unternehmen durfte? Würden andere Prüfungsmittel nutzlos und unausführbar gewesen sein?

Diese Frage sieht sich die unterzeichnete Deputation genöthigt, verneinend zu beantworten. Die von dem Dohlhoff, sowie von den übrigen Medicinal-Personen vorgenommene Untersuchung der Geltner war nicht so genau, gründlich und erschöpfend, als sie hätte sein können und müssen, um den überhaupt möglichen Grad von Gewissheit über das Vorhandensein oder Nichtvorhandensein einer Schwangerschaft zu erlangen, den man jedenfalls zu erreichen suchen musste, wenn man zur Beseitigung des vermeintlich vorhandenen Krankheitszustandes eine lebensgefährliche Operation für indicirt hielt und dieselbe vorzunehmen im Begriff stand. Im Allgemeinen muss die unterzeichnete Deputation der von dem Königl. Medicinal-Collegio der Provinz Brandenburg über diesen Punkt gegebenen Exposition beipflichten. Die wirklich vorgenommene Untersuchung der Geltner beschränkte sich im Wesentlichen auf ein wiederholtes Befühlen des Leibes und die gewöhnliche Exploration per vaginam, ohne dass dabei die allerdings möglichen besonderen Vorkehrungen getroffen worden wären, durch welche die Erlangung eines sicheren Resultates befördert wird. Ganz besonders hätte auf die Ermittelung der Kindes bewegungen eine grössere Sorgfalt verwendet werden sollen, durch wiederholtes Auflegen der vollkommen abgekälteten Hände auf die verschiedenen Gegenden des Unterleibes zu verschiedenen Tageszeiten und bei verschiedenen Lagen und Stellungen des mütterlichen Körpers. Die ärztlichen Vertheidiger des Dr. Dohlhoff suchen es glaublich zu machen, dass das Kind sich überhaupt nicht bewegt habe, oder dass es doch wegen der Lage des Kindes mit den Extremitäten nach unten und innen keinesfalls möglich gewesen sein würde, die etwaigen Bewegungen desselben wahrzunehmen. — Allein es ist jedenfalls höchst unwahrscheinlich, dass ein lebendes, gesundes und der völligen Reife nahes Kind durchaus keine Bewegungen vorgenommen haben sollte. Auch durch eine ungewöhnliche und beschränkte Lage im Uterus wird es hieran nicht ganz verhindert werden, und wenn auch die sich bewegenden Extremitäten nicht unmittelbar gefühlt werden können, so werden sich doch deren Bewegungen dem übrigen Körper des Kindes und den umgebenden Theilen mehr oder weniger mittheilen und äusserlich wahrgenommen werden können, wobei auch eine veränderte Lagerung des mütterlichen Körpers überhaupt und des Leibes insbesondere sich nützlich erweisen konnte.

Eben so ist es, was auch schon von dem Medicinal-Collegio geschehen ist, zu tadeln, dass die Auscultation zur Ermittelung des vorhandenen Zustandes durchaus nicht zur Hülfe genommen ist. Dieselbe ist ein hinlänglich bekanntes und eben zur Ermittelung zweifelhafter Schwangerschaftsfälle in besonderen Schriften nachdrücklich empfohlenes Mittel, so dass die Nichtanwendung desselben in einem so wichtigen Falle, wie der vorliegende war, nicht wohl entschuldigt werden kann. Die Vertheidiger des Dr. Dohlhoff suchen es wahrscheinlich zu machen, dass wegen der regelwidrigen

Lage des Kindes der Herzschlag desselben nicht zu hören gewesen sein würde, und dass bei einer wirklich vorhandenen Entartung der Eierstöcke das etwa hörbar gewordene sogenannte Gebläsgeräusch nichts entschieden haben würde, da es unter diesen Umständen auch von andern Ursachen herrühren konnte. Dieses sind indessen nur Vermuthungen, die einer hinlänglichen Begründung entbehren, indem es sich a priori durchaus nicht bestimmen lässt, wie viel oder wie wenig von dem einen oder andern der im schwangern Leibe hörbaren Geräusche bei der Geltner wirklich wahrzunehmen gewesen, und inwiefern dadurch eine richtigere Diagnose des vorhandenen Zustandes herbeigeführt worden sein würde.

Endlich ist es auch nicht in Abrede zu stellen, dass es wenigstens angemessen gewesen sein würde, vor der Vornahme einer lebensgefährlichen Operation in einem jedenfalls zweifelhaften Falle des ärztlichen Beiraths anderer erfahrenerer Collegen sich zu bedienen.

Unter diesen Umständen kann also nicht behauptet werden, dass die Exploration des Dr. Dohlhoff ausreichend gewesen wäre, um eine solche Gewissheit von dem Nichtvorhandensein einer Schwangerschaft zu geben, dass er den Bauchschnitt unternehmen durfte, und es kann nicht angenommen werden, dass andere Prüfungsmittel nutzlos und unausführbar gewesen wären.

Die nun folgende fünfte Frage lautet: War der Bauchschnitt sowohl bei der Annahme einer Extrauterinal-Schwangerschaft, als einer Degeneration der Ovarien indicirt?

Bei der Beantwortung dieser Frage ist zu erwägen, dass die Laparotomie, besonders wegen der leicht nachfolgenden heftigen Entzündung des Bauchfelles und der Eingeweide des Unterleibes, zu den allergefährlichsten chirurgischen Operationen gehört. Diese Gefahr wird noch weit grösser, wenn die Eröffnung der Bauchhöhle nur erst das Mittel ist zur weiteren Vornahme noch einer anderweitigen Operation in der Bauchhöhle selbst, wie z. B. der Ausschneidung eines entarteten Eierstocks. Da nun die mit der Anwendung eines Heilmittels verbundene Gefahr jedenfalls im Verhältniss stehen muss mit der Gefährlichkeit des zu beseitigenden Krankheitszustandes und dem von dem Heilmittel zu erwartenden Nutzen, so erhellet, dass bei einer Degeneration der Ovarien die Laparotomie nur dann gerechtfertigt erscheint, wenn bereits lebensgefährliche Zufälle durch den vorhandenen Krankheitszustand hervorgebracht worden sind; — um so mehr ist nur alsdann die gedachte Operation hier motivirt, als häufige Erfahrungen lehren, dass Frauen mit degenerirten Ovarien, die überdies nur langsam zuzunehmen pflegen, oft viele Jahre hindurch ein erträgliches Leben zu führen im Stande sind. — Die Geltner befand sich aber in einem solchen lebensgefährlichen Zustande nicht; sie klagte über Schmerzen im Leibe, die ihr mitunter den Schlaf raubten, litt an Stuhlverstopfung und Urinbeschwerden und war dabei genöthigt, fortwährend auf dem Rücken zu liegen. So beschwerlich diese Zufälle auch sein mochten, so wurde doch eine Gefahr für das Leben, welche zu ihrer Beseitigung die Anwendung einer lebensgefährlichen Operation gerechtfertigt hätte, nicht dadurch begründet.

Was aber deren Anwendung bei vorhandener Bauchschwangerschaft betrifft, so kann hier der Fall doppelt sein, je nachdem das Kind entweder noch lebt, oder bereits abgestorben ist. Findet eine Bauchschwangerschaft mit notorisch noch lebendem Kinde statt, so ist die Laparotomie angezeigt, wenn der regelmässige Schwangerschaftsverlauf seine Endschaft erreicht hat, und das vollkommen reife und ausgetragene Kind aus dem mütterlichen Leibe ausgeschlossen werden soll. Dieser Zeitpunkt giebt sich durch wehenartige Schmerzen und ähnliche Erscheinungen zu erkennen, wie diejenigen sind, welche bei der regelmässigen Lage des Kindes in der Höhle der Gebärmutter zu entstehen pflegen; derselbe war bei der Geltner noch nicht eingetreten.

Ist dagegen die in der Bauchhöhle liegende Leibesfrucht bereits abgestorben, so hängt die Nothwendigkeit des vorzunehmenden Bauchschnittes von den nachfolgenden Zufällen ab. Zuweilen vertrocknet das Kind, schrumpft zusammen und wird mit einer kalkartigen Kruste überzogen. Ein solches sogenanntes Lithopädion kann viele Jahre hindurch, ohne Gefahr für das Leben herbeizuführen, im mütterlichen Leibe liegen bleiben. — In anderen Fällen geht der Leichnam des Kindes in Auflösung und Zersetzung über; man hat gesehen, dass an sehr verschiedenen Stellen des mütterlichen Leibes sich Abscesse bildeten, aus denen bald mit, bald ohne operative Hülfe die Leibesfrucht in einzelnen Theilen herausbefördert wurde, ohne dass dadurch nothwendig und jedesmal der Tod der Mutter herbeigeführt worden wäre. — Allerdings kann jedoch in manchen Fällen die Natur weder auf die eine, noch auf die andere Weise sich zu helfen vermögen, und alsdann können durch die in der Bauchhöhle der Mutter befindliche todte Leibesfrucht lebensgefährliche Zufälle hervorgebracht werden, so dass zur Beseitigung dieser noch grösseren Gefahr die gleichfalls lebensgefährliche Laparotomie, behufs der

Entfernung des Kindes, vorgenommen werden muss. Bei der Geltner waren indess, wie aus der Geschichtserzählung erhellt, dergleichen Gefahr drohende Symptome noch nicht eingetreten.

Es geht demnach aus dem Vorstehenden hervor, dass bei der Geltner, sowohl bei der Annahme einer Extrauterinal-Schwangerschaft, als einer Degeneration der Ovarien, der Bauchschnitt zu der Zeit, zu welcher er vorgenommen wurde, nicht hinreichend indicirt war.

Sechstens ist die unterzeichnete Deputation befragt worden, ob die durch das Zurücktreten der Bauchmuskeln in Folge der früheren Operation entstandene abnorme Lage des Uterus in den Bereich derjenigen Umstände falle, welche von dem Angeschuldigten als wahrscheinlich oder doch als möglich vorauszusetzen und zu berücksichtigen waren?

Ueber jenes Zurücktreten der Bauchmuskeln hat sich der Dohlhoff selbst dahin geäussert, dass bei der Betrachtung der inneren Fläche des Bauchfelles und der Bauchmuskeln die nach der Operation ausgesprochene Ueberzeugung sich bestätigt habe, dass nämlich die durch die frühere Operation getrennt gewesenen Theile isolirt vernarbt waren, und dass daher die schwangere Gebärmutter, die gleichsam durch jene Spalte vorgefallen war, nur von der äusseren Haut bedeckt geblieben war.

Auf ähnliche Weise haben sich auch die Klinicisten Schlüter und Bornemann geäussert, indem sie sagen, dass bei der letzten Operation nur die äussere Haut, nicht aber die darunter befindliche Muskellage und das Bauchfell durchschnitten worden sei. An diesen Theilen sei keine neue, blutige Trennung, sondern nur eine alte und bereits vernarbte bemerkbar gewesen; der Dohlhoff selbst habe bei der Section der Geltner darauf aufmerksam gemacht, dass nach der früheren Operation die durchschnittenen muskulösen Theile sich nicht wieder vereinigt hätten, sondern nur die obere Haut zusammengewachsen wäre: durch die so gebildete Spalte sei die Gebärmutter während der letzten Operation hervorgetreten, und habe er daher die letztere statt der Bauchmuskeln durchschnitten.

Eine solche Art der Verheilung ist nun aber eine sehr gewöhnliche Erscheinung nach penetrirenden Bauchwunden, besonders dann, wenn dieselben von einem etwas grösseren Umfange gewesen sind. Sehr häufig vereinigen sich hierbei die getrennten Bauchmuskeln nicht wieder auf eine vollkommene und innige Weise, so dass eine schwache und dem Andrange der Eingeweide leicht nachgebende

Stelle oder auch eine wirkliche Spalte in den Bauchmuskeln zurückbleibt, durch welche wegen des geringeren Widerstandes die zunächst gelegenen Unterleibsorgane hervortreten und so zur Entstehung von sogenannten Bauchbrüchen Veranlassung geben.

Es kann daher nicht in Abrede gestellt werden, dass die durch das Zurücktreten der Bauchmuskeln in Folge der früheren Operation entstandene abnorme Lage des Uterus (oder eines sonstigen Baucheingeweides) in den Bereich derjenigen Umstände gehörte, welche als wahrscheinlich oder doch möglich vorauszusetzen und zu berücksichtigen waren.

Endlich siebentens fragt noch das Königl. Inquisitoriat, ob das Verfahren des Dohlhoff bei Ausführung der Operation der durch die damit an sich verbundene Gefahr im Allgemeinen und durch die in Folge der ersten Operation möglicher Weise veränderte Lage des Uterus hier im Besondern gebotenen Vorsicht und Umsicht entsprochen habe, oder ob sich vielmehr annehmen lasse, dass bei pflichtmässiger Berücksichtigung aller concreten Verhältnisse die Incision des Uterus zu vermeiden gewesen wäre.

Nach seiner eigenen Angabe, womit die des Wundarztes Babethge im Wesentlichen übereinstimmt, liess der Dohlhoff die Geschwulst durch einen Gehülfen von rechts nach oben heben und in der Nähe der einzuschneidenden Stelle fixiren. Alsdann schnitt er, ohne eine Falte aufheben zu lassen, in der weissen Linie ein, indem er ganz vorsichtig mit kurzen Messerzügen die Haut in der Länge von 3—4 Zoll trennte, wobei er bemerkte, dass dieselbe ausserordentlich dünn war. Dann lag seiner Meinung nach eine Muskelschicht vor ihm, welche er in derselben Richtung durchschnitt, worauf eine weissliche Haut sich in die Schnittwunde vordrängte. In diese machte er eine kleine Oeffnung, aus der eine bedeutende Menge einer durchsichtigen Flüssigkeit ausfloss. In diese Oeffnung ging er mit dem Finger ein und erweiterte dieselbe mit einem Knopfbistouri, worauf er das Geschrei eines Kindes hörte.

Dieses Verfahren ist mit den bei der Laparotomie geltenden Regeln der Kunst im Wesentlichen übereinstimmend und entspricht im Allgemeinen der Vorsicht und Umsicht, welche bei der Ausführung der Operation durch die damit an sich verbundene Gefahr geboten wird. Weniger ist dieses der Fall, wenn man die in Folge der ersten Operation möglicher Weise veränderte Beschaffenheit der Bauchdecken und die dadurch bewirkte Veränderung in der Lage dieses oder jenes Baucheingeweides berücksichtigt. In dieser Beziehung würde es angemessen gewesen sein, nach der Trennung der allgemeinen Bedeckungen die Beschaffenheit der nun zum Vorschein kommenden Theile vor deren Durchschneidung erst näher zu untersuchen, um so mehr, als schon vor der Operation die Geschwulst unmittelbar unter den sehr dünnen allgemeinen Bedeckungen zu liegen geschienen hatte. Insofern es jedoch nicht besonders wahrscheinlich war, dass die Geschwulst von dem ausgedehnten, aus einem muskelähnlichen Gewebe bestehenden Uterus gebildet wurde, andere Baucheingeweide aber ein solches Gewebe nicht darbieten, war es leichter, als es sonst der Fall gewesen sein würde, möglich, dass der Dohlhoff die nach Trennung der Haut zum Vorschein kommenden rothen, muskulösen Theile für die Bauchmuskeln hielt und dieselben ohne Weiteres durchschnitt, in der Meinung, dass er nun erst zu dem Peritonaeum gelangen würde, und es lässt sich nicht mit Bestimmtheit behaupten, dass bei genauerer Berücksichtigung aller concreten Verhältnisse die Incision des Uterus zu vermeiden gewesen wäre.

Nach vorstehender Auseinandersetzung muss nun die unterzeichnete wissenschaftliche Deputation ihr Gutachten dahin abgeben:

1) dass Uterinal-Schwangerschaft in dem Stadium, in welchem sie bei der Friederike Geltner vorhanden war, überhaupt verkennbar ist, und dass sie es in specie bei der Geltner war;

2) dass bei der Geltner zwar allerdings die Möglichkeit, jedoch nicht die Wahrscheinlichkeit einer Schwangerschaft vorhanden war;

3) dass der Zustand und das Verhalten der Geltner auf eine Degeneration der Ovarien nicht vorzugsweise hindeutete;

4) dass die Exploration des Angeschuldigten nicht ausreichend war, um die Gewissheit der Nichtschwangerschaft bis zu dem Maasse festzustellen, dass er den Bauchschnitt unternehmen durfte, und dass andere Prüfungsmittel wahrscheinlich nicht nutzlos und gewiss nicht unausführbar gewesen sein würden;

5) dass der Bauchschnitt, sowohl bei der Annahme einer Extrauterinal-Schwangerschaft, als einer Degeneration der Ovarien (unter den obwaltenden Umständen und zu der Zeit, als er vorgenommen wurde) nicht hinlänglich indicirt war;

6) dass die durch das Zurücktreten der Bauchmuskeln in Folge der früheren Operation entstandene abnorme Lage des Uterus in den Bereich derjenigen Umstände fällt, welche von dem Angeschuldigten als wahrscheinlich oder doch möglich vorauszusetzen und zu berücksichtigen waren;

7) dass das Verfahren des Dohlhoff bei Ausführung der Operation zwar der durch die damit an sich verbundene Gefahr im Allgemeinen, weniger jedoch der durch die in Folge der ersten Operation möglicher Weise veränderte Lage des Uterus hier im Besondern gebotenen Vorsicht und Umsicht entspricht, dass sich indessen nicht mit Bestimmtheit annehmen lasse, dass bei pflichtmässiger Berücksichtigung aller concreten Verhältnisse die Incision des Uterus zu vermeiden gewesen wäre.

Berlin, den 18. November 1840.

Königl. wissenschaftliche Deputation für das Medicinal-Wesen.

(gez.) **Klug. v. Koenen. Horn. Link. Casper. Froriep. Mitscherlich. Kluge. Wagner.**

Gutachten des zweiten Referenten.

Nach Maassgabe der von dem Königl. Inquisitoriat zu Magdeburg der wissenschaftlichen Deputation für das Medicinalwesen in der Untersuchungssache wider den Medicinalrath Dr. Dohlhoff vorgelegten sieben Fragen kann dieselbe, auf Grund der Untersuchungsacten, ihr motivirtes Gutachten in der Reihenfolge dieser Fragen nur folgendermassen abgeben:

ad 1. Dass Uterinal-Schwangerschaft in dem Stadium, in welchem sie bei der Friederike Geltner vorhanden war, überhaupt wohl verkennbar sei, in specie aber bei der Geltner wahrscheinlich nicht verkennbar gewesen sei. Wenngleich, wie das Königl. Medicinal-Collegium bereits dargethan hat, diejenigen Zeichen einer Uterinal-Schwangerschaft, welche in den ersten zwei Drittheilen derselben aus den Erscheinungen des mütterlichen Körpers hergenommen werden, sehr täuschend sind, so sind es doch diejenigen Zeichen weniger, welche in dem letzten Drittheile der Schwangerschaft der herangewachsene Körper des Kindes selbst liefert, und unter diesen sind namentlich ein deutliches Wahrnehmen der Körpertheile, der Bewegung und des Herzschlages des Kindes die wichtigsten. In der Regel geben zwar, bei sorgfältiger und wiederholter Untersuchung, diese drei Zeichen in ihrer Gesammtheit dem Geburtshelfer sich kund; es kommen aber doch Fälle der Ausnahme vor, wo theils eine eigenthümliche Lage und geringe Lebensäusserung, theils eine Vorlagerung des Mutterkuchens oder des Fruchtwassers, theils auch vorliegende Eingeweide, sowie Wasseransammlungen und Fettaufwulstungen im

Leibe der Mutter, das Kind der Wahrnehmung des Untersuchenden gänzlich entziehen, und wo dann eine Schwangerschaft bis zur Geburt hin wohl zu verkennen ist.

Was nun jene drei Zeichen in Bezug auf die Geltner betrifft, so lässt sich, nach Inhalt der Acten, Folgendes annehmen:

Die Kindestheile konnten hier am deutlichsten nur von der Bauchwandung aus wahrgenommen werden, da das Kind nicht regelmässig, d. h. mit dem Kopf nach abwärts, sondern aufwärts gelagert war, und also der Steiss über dem Beckeneingang sich befunden haben musste, welcher hier, vermöge seiner weichen Massen, durch die Mutterscheide und die Gebärmutter nicht deutlich durchgefühlt werden konnte. Dagegen musste aber der Kopf des Kindes von der Bauchwandung aus deutlicher zu fühlen sein, da er unterhalb des Nabels der Geltner hinter der Bauchspalte lag, welche von der frühern Operationswunde zurückgeblieben war, und wo er also nur von der Gebärmutter und der darüber gespannten, dünnen Bauchhaut umgeben war und keine Bauchmuskeln dessen Durchfühlen erschwerten. Dies bestätigen auch die Untersuchungsbefunde, indem man an dem Hängebauche der Geltner, rechter Seits, einen harten, runden Körper, von der Grösse eines Kindskopfes fühlte, welcher sich hin- und her- und selbst bis nach dem Nabel heraufschieben liess. Andere Kindestheile, und besonders die Gliedmassen, liessen sich aber wohl nicht deutlich durchfühlen, weil nach der Angabe des Wundarztes Babethge, dass der Hinterkopf des Kindes in der Operationswunde zum Vorschein gekommen sei, angenommen werden muss, dass das Kind in der ersten Steisslage sich befunden habe, und dessen Gliedmassen also nach der linken Mutterseite und nach hinten gelagert waren, wo sie, noch selbst während des Herabhängens des Bauches, der untersuchenden Hand immer noch zu entlegen waren, um sie deutlich erkennen zu können. Hiernach lässt es sich mit Wahrscheinlichkeit annehmen, dass wenigstens der Kindeskopf durch die Bauchwandung der Mutter habe gefühlt und bei sorgfältiger und wiederholter Untersuchung auch als Kindeskopf wenigstens muthmasslich habe anerkannt werden können.

Weniger deutlich mussten sich die Kindesbewegungen zu erkennen geben, da sie grösstentheils nur von den Gliedmassen der Frucht und besonders von den Füssen veranlasst werden, welche in diesem Falle aber der Hand des Untersuchenden nicht zugänglich lagen und daher wohl nur von der Geltner allein wahrgenommen werden konnten. Unmöglich ist es indess nicht, dass eine in kaltes Wasser getauchte und plötzlich auf den Leib der Geltner gelegte Hand dennoch eine Bewegung, wenn auch nicht der Füsse, doch der Arme, des Rumpfes und des Kopfes der Frucht, gefühlt haben könnte, und desshalb ist die Unterlassung dieses, bei Ungewissheit in der Diagnose ausdrücklich vorgeschriebenen Versuches, jedenfalls zu tadeln.

Ganz besonders tadelnswerth ist es aber, dass bei der Geltner nicht nach dem Herzschlage der Frucht geforscht wurde, da es höchst wahrscheinlich ist, dass dieser hier, bei der angegebenen Lage der übrigens lebenskräftigen Frucht, deutlich wahrgenommen werden konnte. In der Vertheidigungsschrift versuchen zwar die Doctoren Reiche und Koch, es erweislich zu machen, dass bei dem Kinde der Geltner die zweite Rückenlage stattgefunden, also der Rücken des Kindes von der mütterlichen Bauchwandung zu entfernt gelegen habe, als dass von dieser aus die Doppelschläge des Kindesherzens zu hören gewesen wären; allein, wenn aus den Acten hervorgeht, dass der Kindeskopf bis zum Nabel der Mutter hinauf habe erhoben werden können, und derselbe auch bei der Operation hinter der Schnittwunde zum Vorschein gekommen sei, so war keine Rücken-, sondern eine Steisslage zugegen, die nur beim Herabhängen des Bauches der Rückenlage sich nähert und es daher wohl gestattete, dass bei erhobenem Bauche der obere Theil des Kindesrückens (wo gerade das Herz lag) der untern Bauchwand der Mutter so angenähert wurde, dass das Hören der Herzschläge stattfinden konnte. Da aber diese Herzschläge (über welche in dem Gutachten des Medicinal-Collegii das Nähere enthalten ist) so charakteristisch sind, dass ihr Wahrnehmen eine Schwangerschaft ausser allen Zweifel setzt, so lässt sich auch nicht annehmen, dass die Schwangerschaft der Geltner verkennbar gewesen sei.

Hiermit in Uebereinstimmung ist nun auch zu beantworten die Frage ad 2, dass bei der Geltner die Wahrscheinlichkeit, nicht bloss einer Schwangerschaft (überhaupt), sondern auch sogar die einer Uterin-Schwangerschaft, vorhanden, die einer Extrauterinal-Schwangerschaft aber nicht vorhanden war.

Das Uebelbefinden der Geltner hätte, bei wahrnehmbaren Herzschlägen des Kindes, zwar zu der Annahme einer Extrauterinal-Schwangerschaft verleiten können, zumal die bei dieser stets vorhandene, bei der Geltner aber nicht bemerkte, specielle, trichterförmige Eintiefung des Nabels durch die Operationsnarbe unkenntlich gemacht worden sein konnte; allein ein Kennzeichen blieb doch noch übrig, durch welches die vorhanden gewesene Uterin-Schwangerschaft von der Extrauterin-Schwangerschaft wohl unterschieden werden konnte, und dies ist: die bei jener vorhandene und bei dieser fehlende bedeutende Ausdehnung des untern Gebärmutter-Theils. Bei einer Uterin-Schwangerschaft ist der in die Scheidenportion übergehende untere Gebärmuttertheil, wegen der in ihm enthaltenen Frucht, im letzten Dritttheile der Schwangerschaft so bedeutend ausgedehnt, dass er den ganzen Raum über dem kleinen Becken einnimmt, und die Masse desselben lässt sich von dem Muttermunde und dessen Scheidenportion aus als ein mit diesen beiden innigst zusammenhängendes Ganzes deutlich fühlen und beim Erheben der schwer erscheinenden Scheidenportion mittels des Fingers gleichzeitig mit erheben; dagegen bei der Extrauterin-Schwangerschaft und namentlich der Bauchhöhlen-Schwangerschaft das ausserhalb der Gebärmutter befindliche Fruchtei eine mit dem untern Gebärmuttertheile gar nicht in Verbindung stehende, vielmehr völlig gesonderte Masse darstellt, welche beim Erheben der hier leicht erscheinenden Scheidenportion nicht mit erhoben wird, sondern für sich allein erhoben werden muss. Nur in dem Falle, dass bei einer Bauchhöhlen-Schwangerschaft die Gebärmutter krankhaft aufgewulstet wäre, oder in ihr, ausser der Siebhaut, noch Afterproducte, als Molen, Polypen u. dgl. enthalten wären, könnte bei wahrgenommenen Herzschlägen der Frucht irriger Weise eine Uterin-Schwangerschaft gefolgert werden. Bei der Geltner musste aber, da sie uterinschwanger, und keine Verbildung ihrer innern Geschlechtstheile vorhanden war, der untersuchende Finger den durch die in ihm enthaltene Frucht ausgedehnt gewesenen untern Gebärmuttertheil nothwendig als eine unmittelbare Fortsetzung des Muttermundes und der Scheidenportion wahrnehmen, und hieraus war dann auf einen Inhalt der Gebärmutter selbst und folglich mit Wahrscheinlichkeit auch auf eine Uterin-Schwangerschaft zu schliessen. Die breite Beschaffenheit des Muttermundes und dessen hoher Stand am Vorberge, so wie auch die Länge der Scheidenportion der Gebärmutter, wie im nichtschwangeren Zustande, waren übrigens als Folgen der nach vorn übergebogenen Gebärmutter anzusehen, wodurch der Muttermund in die Höhe gezogen und zugleich breit gedrückt, die Scheidenportion aber in die Länge gezogen wurde, und es hätten diese Zufälle, die beim bedeutenden Hängebauch der Schwangern wohl beobachtet werden, augenblicklich beseitigt werden können, wenn der Untersuchende, während er mit dem Zeigefinger der einen Hand nach dem Muttermunde fühlte, mit der andern flachen Hand von der Bauchwandung aus den Gebärmuttergrund nach aufwärts gedrängt hätte. Es dürfte hiernach die Antwort auf die zweite Frage hinreichend motivirt sein.

Ferner ist zu antworten auf die Frage

ad 3. Ob der Zustand und das Verhalten der Geltner auf eine Degeneration der Ovarien deutete:

Wenngleich die bei der Geltner beobachteten Krankheitszufälle und vorzüglich die Unterleibsschmerzen und die erschwerte Harn- und Stuhlausleerung (welche zum Theile von einem durch Verstimmung der Unterleibsnerven bedingten Hysterismus, ganz besonders aber von dem Drucke der nach vorn und rechts geneigten schwangern Gebärmutter auf Harnblase und Mastdarm herrührten) wohl einige entfernte Aehnlichkeit mit den Zufällen hatten, welche bei Degeneration eines Ovariums einzutreten pflegen, auch die von der Bauchwandung aus fühlbare Geschwulst der nach vorn geneigten schwangern Gebärmutter wohl mit einem degenerirten und aufgetriebenen Ovarium verwechselt werden konnte, so waren doch zwei Merkmale vorhanden, aus denen erkannt werden konnte, dass keine Degeneration eines Ovariums, sondern vielmehr eine Uterin-Schwangerschaft vorhanden gewesen sei. Das eine Merkmal war die rasche Vergrösserung der Geschwulst, was von dem Medicinal-Collegio schon ausführlich erörtert worden ist und daher keiner weitern Auseinandersetzung bedarf; und das andere und gewichtigste Merkmal war, dass bei der Uterin-Schwangerschaft (wie schon ad 2 angegeben worden ist) die von der Mutterscheide aus fühlbare Geschwulst ein fortlaufendes Ganzes mit dem untern Gebärmuttertheile, der Scheidenportion und der an dieser befindlichen Mutter bildet, dagegen bei der Degeneration eines Ovariums die ganze Gebärmutter von der Geschwulst völlig gesondert, auch nicht bedeutend angeschwollen ist und deshalb mit Leichtigkeit für sich bewegt und erhoben werden kann, ohne dass die Geschwulst des degenerirten Ovariums an diesen Bewegungen Theil nimmt, weil das Ovarium zur Seite der Gebärmutter mit dieser durch ein schlaffes Band verbunden ist. Insofern diese Verbindung aber an dem obersten Seitentheile der Gebärmutter stattfindet, drückt das degenerirte Ovarium diesen Gebärmuttertheil noch immer nach der entgegengesetzten Seite hinüber, während die Scheidenportion der Gebärmutter durch die Mutterscheide in der Mitte des Beckens festgehalten wird, daher bei jeder einseitigen Ovarium-Degeneration auch eine seitliche Schieflagerung der Gebärmutter zugegen ist, und zwar so, dass die Scheidenportion dem degenerirten Ovarium zugekehrt ist. Diese eigenthümliche Schieflage ist um so deutlicher zu fühlen, als das degenerirte Ovarium, vermöge seiner Schwere, die kleine und bewegliche Gebärmutter zugleich tief in das Becken herabdrängt und dem untersuchenden Finger annähert. Insofern alle diese Zustände bei der Geltner nicht stattfanden, war auch der Angeschuldigte nicht berechtigt, bei derselben das Vorhandensein einer Ovarien-Degeneration zu vermuthen.

Von selbst ergiebt sich nun aus den bisherigen Erörterungen die Beantwortung der Frage

ad 4, dass die Exploration des Angeschuldigten nicht ausreichend war, um die Gewissheit der Nichtschwangerschaft bis zu dem Maasse festzustellen, dass er den Bauchschnitt unternehmen durfte, und dass andere Prüfungsmittel wahrscheinlich nicht nutzlos und gewiss nicht unausführbar gewesen sein würden.

Denn das schon ad 1 erwähnte Auflegen der in kaltes Wasser getauchten Hand auf den Unterleib der Geltner, sowie das ebendaselbst genannte Forschen nach dem Geräusche des Herzschlages des Kindes, und das ad 2 und 3 geschilderte Untersuchen, ob die Scheidenportion der Gebärmutter mit der vorhandenen Bauchgeschwulst im innigsten Zusammenhange stand und mit dieser eine einzige Masse bildete, waren ebenso ausführbare als nützliche Prüfungsmittel, welche dem Angeklagten, wenn er sie angewendet, höchst wahrscheinlich die vorhandene Schwangerschaft zu erkennen gegeben haben würden, und die daher von demselben keineswegs übergangen werden durften, wenn er die Absicht hatte, den Bauchschnitt zu unternehmen.

In Betreff dieser Operation selbst ist zu antworten auf die Frage

ad 5, dass der Bauchschnitt sowohl bei der Annahme einer Extrauterinal-Schwangerschaft, als einer Degeneration der Ovarien (noch) nicht indicirt war.

Ueber diese beiden Punkte hat das Medicinal-Collegium sich ebenfalls so ausführlich und gründlich ausgesprochen, dass nur Weniges hinzuzufügen ist. Da der Bauchschnitt, wie der Angeklagte selbst zugesteht, eine Operation ist, welche leicht lebensgefährlich werden kann, so darf solche auch nicht ohne die dringendsten Anzeigen vorgenommen werden. Es giebt aber 3 Arten der Extrauterin-Schwangerschaft, wo sie angezeigt sein kann, nämlich: die Eierstock-,

Muttertrompeten- und Bauchhöhlenschwangerschaft. Nur von der letztern kann hier die Rede sein, da der Angeklagte bloss diese in Anregung gebracht hatte. Es bemühten sich die Doctoren Resche und Koch in ihrer Vertheidigungsschrift zwar darzuthun, dass der Angeklagte vor der Operation gar keine Schwangerschaft angenommen habe, allein die Acten enthalten hierüber die bestimmtesten, eigenen Angaben des Angeklagten, und es ist nicht statthaft, irgend etwas in die Acten hinein- oder daraus fortdeuten zu wollen. Bei der Bauchhöhlen-Schwangerschaft, als der einzigen Extrauterinal-Schwangerschaft, wo die Leibesfrucht zur vollständigen Reife gelangen und am Leben erhalten werden kann, wird behufs dieser Lebenserhaltung nur dann der Bauchschnitt vorgenommen, wenn

1) Geburtswehen eingetreten sind, als Zeichen, dass die Frucht vollkommen reif sei;

2) der Herzschlag oder doch wenigstens die Körperbewegungen der Frucht deutlich wahrgenommen werden, als ein Zeichen des wirklich vorhandenen Lebens derselben;

3) Körpertheile der Frucht durch die Bauch- und Mutterscheidenwand deutlich durchgefühlt werden können, als ein Zeichen, dass die Frucht auch eine für das Herausschneiden derselben zugängliche Lage habe.

Bei der Geltner hatte der Angeklagte nur das dritte Zeichen bemerkt, das zweite aber nicht wahrgenommen und das erste nicht wahrnehmen können, weil es noch nicht eingetreten war. Insofern nun, nach dem jetzigen Stande der Heilkunst, der Bauchschnitt bei einer unzweifelhaft erwiesenen Bauchhöhlen-Schwangerschaft, unter Zustimmung der Schwangern, nur dann ausgeführt werden soll, wenn alle 3 Zeichen vorhanden sind, konnte der Angeklagte die Operation auch noch nicht für angezeigt halten. — Ebenso war dieselbe auch nicht angezeigt in Bezug auf eine Ovarien-Degeneration, da einerseits die ad 3 angegebenen charakteristischen Merkmale eines solchen Leidens nicht vorhanden waren, und andrerseits die vorzüglichsten Beschwerden bei der Geltner nur in schmerzhafter und erschwerter Harn- und Koth-Entleerung bestanden, die, wenn sie wirklich die Folgen einer Ovarien-Degeneration gewesen wären, in gar keinem Verhältnisse standen zu den gefahrvollen Zuständen, welche der Bauchschnitt und die Ausschälung des degenerirten Ovariums nothwendig mit sich führen mussten, zumal jene Beschwerden durch das Anlegen einer entsprechenden Leibbinde, welche die Geschwulst von

Harnblase und Mastdarm entfernte, sehr gemildert werden konnten. Es war also auch in Bezug auf Ovarien-Degeneration der Bauchschnitt bei der Geltner noch nicht angezeigt, und daher die Operation ohne klare Diagnose und ohne bestimmte Indicationen in jeder Hinsicht eine ebenso gewagte, als unüberlegte.

Nicht minder muss gegen den Angeschuldigten geantwortet werden auf die Frage

ad 6, dass die durch das Zurücktreten der Bauchmuskeln in Folge der frühern Operation entstandene abnorme Lage des Uterus in den Bereich derjenigen Umstände fällt, welche von dem Angeschuldigten als wahrscheinlich oder doch wohl möglich vorauszusetzen und zu berücksichtigen waren.

Als die Geltner nach erfolgter Heilung der ersten Operationswunde die Krankenheilanstalt verliess, erhielt sie auf Veranlassung des Angeklagten eine sehr eng anschliessende Leibbinde, doch wahrscheinlich nur deshalb, um einen Bauchbruch zu verhüten, da die Erfahrung lehrt, dass bei grossen Bauchwunden gewöhnlich nur die äussere Haut vernarbt, die inneren Schichten der Bauchmuskeln aber nicht verheilen, sondern durch ihre Action sich und das Bauchfell zusammenziehen, so dass immer ein Spalt zurückbleibt, in welchen sich späterhin Eingeweide einsenken. Als die Geltner dann wieder in die Krankenanstalt kam, wurde an deren Unterbauche rechter Seits von dem Angeklagten eine bewegliche Geschwulst von der Grösse eines Kindeskopfes wahrgenommen, und die äusseren Bedeckungen über derselben wurden so ausserordentlich dünn gefunden, dass es den Anschein hatte, als wäre die Geschwulst von nichts bedeckt, als von der Haut. Unter diesen Umständen war ganz folgerecht zu vermuthen, dass ein Contentum der Bauchhöhle durch einen, nach der ersten Operation zurückgebliebenen Bauchspalt getreten sei, sich dicht hinter die Hautdecke der Bauchwandung gelagert und hier einen Bauchbruch gebildet habe. Um nun hierüber zur Gewissheit zu gelangen, zugleich aber auch das Uebel zu beseitigen und die etwa dadurch veranlassten Unterleibsschmerzen zu heben, war nichts weiter angezeigt, als zunächst die Reposition zu versuchen, wo dann, wenn diese gelang, der Bauchspalt deutlich durchgefühlt, und das Wiederhervortreten des Bruchtheils durch eine passende Leibbinde verhütet werden konnte; gelang hingegen die Reposition nicht, und traten mit der Zeit lebensgefährliche Zufälle der Einklemmung ein, welche den Bauchschnitt und die blutige Erweiterung der Bauchspalte behufs der

Reposition des Contentums (also mit einem Worte den Bauchschnitt) bedingten, so musste dann der Bauchschnitt mit einer solchen Vorsicht unternommen werden, dass das dicht unter der Haut gelagerte Contentum nicht mit verletzt wurde. Ob ein Repositions-Verfahren bei der Geltner versucht worden und überhaupt nöthig gewesen sei (insofern das Contentum nur gegen den Bauchspalt bloss angedrängt und nicht eingedrängt gewesen sein konnte), geht aus den Acten eben so wenig hervor, als es auch daraus nicht ersichtlich ist, ob der Geltner zur Milderung ihrer durch den Hängebauch veranlassten Beschwerden wieder eine Leibbinde angelegt worden sei. Wenn nun der Angeklagte in dunkler Ahnung, dass eine Ovarien-Degeneration, oder vielleicht auch eine Bauchhöhlenschwangerschaft statthaben könne, sich befugt glaubte, den Bauchschnitt vorzunehmen, und diesen gerade auf der frühern Operations-Narbe vollzog, so musste er auch berücksichtigen, dass er hier auf keinem normalen, sondern auf einem krankhaften Boden wirke, und dass er hier ganz besonders auf Eingeweide gelangen könne, welche durch einen, nach der frühern Operation möglicher Weise zurückgebliebenen Spalt sich vorgelagert haben konnten, und deshalb musste er, wie bei jeder Bruchoperation, keinen Schnitt thun, ohne den zu durchschneidenden Theil vorher auf das Sorgfältigste untersucht zu haben. Wenn er aber diese Kunstregel befolgt hätte, so würde er auch gefunden haben, dass die in der Hautwunde zum Vorschein gekommene rothe Masse nicht mit der Bauchwandung in Verbindung stand und folglich kein Muskel, sondern nur ein Contentum der Bauchhöhle sein konnte. — Aus alle dem resultirt, dass der Angeklagte mit den an der Bauchwandung der Geltner stattgehabten pathologischen Zuständen wohl vertraut sein und eine Vorlagerung von Eingeweiden als wahrscheinlich, oder doch als möglich voraussetzen konnte und deshalb dies pathologische Verhältniss mit der von der Kunst gebotenen Vorsicht und Umsicht bei der Operation berücksichtigen musste.

Hieraus geht nun auch von selbst hervor die Beantwortung der letzten Frage

ad 7, dass das Verfahren des p. Dohlhoff bei Ausführung der Operation der (durch die damit an sich verbundene Gefahr im Allgemeinen und durch die in Folge der ersten Operation möglicher Weise veränderte Lage des Uterus hier im Besondern) gebotenen Umsicht und Vorsicht nicht entspricht, und sich annehmen lässt, dass, bei pflichtmässiger Berücksichtigung aller concreten Verhältnisse, die Incision des Uterus zu vermeiden gewesen wäre.

Bei der Unklarheit des Dohlhoff in Rücksicht der Diagnose des pathologischen Verhaltens, sowohl der früher operirten Bauchwandung, als auch der hinter dieser gelegenen Bauchgeschwulst, musste derselbe die von ihm beabsichtigte Operation in beiden Beziehungen mit um so grösserer Vorsicht unternehmen. Dieses that er auch bei Ausführung des ersten Hautschnittes, den er nicht mittels Faltenbildung (die der Kreisphysikus Voigtel mit Unrecht für durchaus angezeigt hielt), sondern aus freier Hand vollzog, weil er dadurch am meisten gesichert war, Nichts zu durchschneiden, was er nicht zuvor genau untersucht und richtig erkannt hatte. Leider hörte seine Vorsicht aber auf, als er in dem Spalt der 3 Zoll langen Schnittwunde eine Masse gewahrte, welche er für eine Muskelschicht hielt, obgleich sie mit dieser, nicht der Structur, sondern nur der Farbe nach, eine entfernte Aehnlichkeit hatte, und die er nun sogleich durchschnitt, bevor er versucht hatte, mit dem Finger unter die Hautdecken einzugehen und den Theil in möglichst weitem Umkreise zu umschreiben. Ganz abgesehen davon, dass dieser vorgelagerte Theil der schwangere Uterus war, den p. Dohlhoff (da er den Aussagen der Geltner mehr als den Befunden der Vaginal-Exploration vertraute) am wenigsten vermuthete, so konnte es auch eben sowohl das von ihm angenommene degenerirte Ovarium, wie die herabgesunkene degenerirte Milz oder Leber sein, welche eine ähnliche Färbung wie der schwangere Uterus gehabt haben würden, und eine Verletzung dieser beiden letztgenannten Eingeweide hätte ebenfalls auf das Sorgfältigste vermieden werden müssen, da eine kaum zu stillende tödtliche Blutung die nothwendige Folge davon gewesen sein würde. Jedenfalls war also das tiefere Einschneiden an einer nicht zuvor untersuchten Stelle der Bauchwandung, wo in Folge der frühern Operation das Vorhandensein einer Bauchspalte und das Vorgetretensein eines Eingeweides als möglich und, nach der so dünnhäutigen Beschaffenheit dieser Bauchstelle, sogar als wahrscheinlich vorausgesetzt werden musste, ein nicht zu rechtfertigendes übereiltes Verfahren. Es unterliegt also keinem Zweifel, dass bei mehr Ruhe und Besonnenheit des p. Dohlhoff die Incision des Uterus und dann wahrscheinlich auch der tödtliche Ausgang der Operation zu vermeiden gewesen wäre.

Schliesslich muss aber noch bemerkt werden, dass die Ansicht des Medicinal-Collegii, der Tod der Geltner sei nicht durch die Operation allein bedingt worden, sondern habe in einer hysterischen Verstimmung der Unterleibsnerven seine vorzüglichste Mitursache gehabt, vollkommen in der Wahrheit beruht, was daraus hervorgeht, dass bei der Section sich weder das Dagewesensein einer Entzündung, noch das einer Verblutung ergab, und der Tod sich also als ein rein nervöser erwies, dem die meisten durch den Kaiserschnitt Entbundenen erliegen, weil auch bei ihnen in Folge der erlittenen Beckenverkrüppelung eine Nervenverstimmung statthat.

Königl. wissenschaftl. Deputation für das Medicinalwesen.

(gez.) **Kluge.**

II.

Fall Dohlhoff- (Pauli).

Ein Brechmittel bei einer Gebärenden.

Am 1. Februar 1842 ward der Medicinalrath Dr. Dohlhoff zu der Lisette Pauli gerufen, welche seit dem Abend vorher über ununterbrochene heftige Leib- und Rückenschmerzen klagte. Gegen 11 Uhr kam er und verordnete nach einigen an sie gerichteten Fragen ein Brechpulver, welches sie in 2 Abtheilungen nehmen sollte. Es erfolgte darauf ein zweimaliges Erbrechen, doch ohne wesentliche Erleichterung, so dass der Dr. Dohlhoff gegen Abend nochmals um seinen Besuch gebeten ward und diesen auch um 5 Uhr abstattete. Er verordnete der Kranken, die er nun im Bette fand, ein Klystier, welches ihr gegen 7 Uhr gesetzt ward. Die Nacht war unruhig; und als am Morgen des folgenden Tages Dr. Dohlhoff die Kranke wieder besuchte, rieth er, sie in das städtische Krankenhaus zu bringen, was gegen 3 Uhr Nachmittags geschah. Hier gebar die Pauli Abends nach 11 Uhr fast ohne jede Kunsthülfe ein todtes Kind.

Gegen die Pauli ward nun wegen Verheimlichung ihrer Schwangerschaft die Untersuchung eingeleitet, diese aber auch auf den Medicinalrath Dr. Dohlhoff ausgedehnt, weil er das Brechmittel unter solchen Umständen verordnet hatte. Das nöthig gewordene Superarbitrium ward in diesem Falle, weil der Angeschuldigte dem Medicinalcollegium zu Magdeburg als Mitglied angehörte, dem Medicinalcollegium der Provinz Brandenburg übertragen; und zwar wurden diesem die beiden nachstehenden Fragen zur Beantwortung vorgelegt:

1. Ob durch das, der Inculpatin beigebrachte, vom Medicinalrath Dr. Dohlhoff verordnete Brechmittel der Tod des Kindes derselben wahrscheinlich herbeigeführt worden ist, und
2. ob der Dr. Dohlhoff bei Verordnung dieses Brechmittels nach technischen Grundsätzen die ihm als praktischem Arzte obliegenden Pflichten vernachlässigt hat?

Dieser Fall ist vor die wissenschaftliche Deputation nicht gekommen, würde also, streng genommen, von vorliegender Sammlung haben ausgeschlossen werden müssen; er durfte aber in ihr darum nicht fehlen, weil er denselben Arzt betrifft, der das Unglück hatte, schon in dem vorigen Falle die Rolle des Angeklagten zu spielen, und durch eine unrichtige Diagnose, die er hätte vermeiden können, zu einer falschen Behandlung verleitet ward. Und dieser Arzt war nicht bloss ein alter bewährter Praktiker, nicht bloss Dirigent eines grossen städtischen Krankenhauses, sondern auch Mitglied des Medicinalcollegiums, sowie Prüfungs-Commissarius des chirurgisch-technischen und chirurgisch-klinischen Cursus bei der delegirten Ober-Examinations-Commission für die höheren Prüfungen der Medicinalpersonen zu Magdeburg.

Der Criminal-Senat des Königlichen Oberlandesgerichts zu Magdeburg hat uns unter dem 9. October v. J. in der Untersuchungs-Sache wider die unverehelichte Pauli daselbst unter Uebersendung eines Vol. Act. von 142 Fol. ersucht, uns gutachtlich darüber zu äussern:

ob durch das der Inculpatin beigebrachte, vom Medicinalrathe Dr. Dohlhoff verordnete, Brechmittel der Tod des Kindes derselben wahrscheinlich herbeigeführt worden ist, und ob der Dr. Dohlhoff bei Verordnung dieses Brechmittels nach technischen Grundsätzen die ihm als praktischem Arzte obliegenden Pflichten vernachlässigt hat?

Zur Erledigung dieser Requisition durch das Königliche Ministerium der geistlichen, Unterrichts- und Medicinal-Angelegenheiten unter dem 13. v. Mts. ermächtigt, genügen wir derselben hiermit unter Voranstellung nachstehender

Geschichtserzählung.

Lisette Pauli, 29 Jahr alt, aus Magdeburg, gestattete ihrer Angabe nach, während eines vierwöchentlichen Aufenthalts in Schönebeck im Spätsommer „etwa im Monat Juli oder August" 1841, dem Arbeitsmann Marsas häufig den Beischlaf. Ihre monatliche Reinigung blieb darauf aus, und will sie deshalb schon nach Verlauf von einigen Monaten vermuthet haben, dass sie schwanger sei. Anfangs October ej. a. kehrte sie nach Magdeburg zurück und zog, nachdem sie sich 3 Wochen bei ihrer Schwester, der Glaser Francke, aufgehalten hatte, am 1. November desselben Jahres zu der verwittweten Leinwandfabrikant Brey als Köchin in den Dienst.

Die p. Pauli bemerkte nun angeblich, dass ihr „Leib sich ausdehnte", und nahm auch 6 Wochen vor dem 4. Februar v. J., also um Weihnachten 1841, „ein Pochen und Klopfen in ihrem Leibe wahr", was, „ihrer Ueberzeugung nach, nichts Anderes, als die ersten gewöhnlichen Lebensregungen des Kindes waren". Bei einer späteren Vernehmung deponirte Inculpatin, dass ihr „anschwillender Leib und die etwa nach 5 Monaten eintretenden Kindesbewegungen ihr über ihren Zustand keinen Zweifel mehr übrig gelassen hätten."

Sie gab ferner an, dass sie sich „während der ganzen Zeit ihrer Schwangerschaft sehr wohl befunden und namentlich weder an Ohnmachten, noch Uebelkeiten gelitten habe." Sie habe sich „auch nicht übergeben und nicht an Durchfall gelitten. Ein starkes Zusammenschnüren des Schnürleibes habe sie nie vertragen können" und sich bis zu ihrer später erfolgten Erkrankung „zwar — eingeschnürt," „jedoch nicht sehr fest."

Die verwittwete Brey bezeugte: „ein starkes Schnüren" habe sie an der p. Pauli „keinesweges bemerkt," vielmehr „um Brust und Bauch nur eine sehr lockere Haltung wahrgenommen;" und ihr Sohn, Kaufmann Brey, will in der Art, wie Inculpatin „die Kleider trug, nämlich locker und zottlig, ein etwas liederliches Wesen," erkannt haben.

Dass die p. Pauli schwanger sei, ist weder der p. Brey, bei welcher sie diente, noch der verehelichten Ehlers, welche die Pauli bei jener bald nach Weihnachten gesehen hat, noch sonst Jemandem, wie es scheint, bemerkbar geworden.

Da sie sich während ihrer Schwangerschaft wohl befunden, so habe sie, gab Inculpatin an, „durchaus keine Veranlassung gehabt, irgend einen Arzt zu Rathe zu ziehen, oder sonst Jemand wegen" ihres „Körperzustandes um Hülfe anzusprechen."

„Ohngefähr 6 oder 7 Wochen vor Weihnachten 1841" will sie jedoch einer Gemüsefrau geklagt haben, dass sie ihre Regeln seit einiger Zeit gar nicht mehr gehabt habe, worauf diese ihr, mit dem Bemerken: sie, die Pauli, „sähe so roth im Gesichte aus und hätte solche rothe Flecke," gerathen habe „Wachholderbeeren in Braunbier zu kochen und dieses Gemisch alsdann zu trinken." Sie habe darauf für 6 Pfennige Wachholderbeeren in einer, „etwa ein Bierglas ausmachenden Quantität Braunbier" gekocht und dieses Gemisch getrunken. „Alle erkaufte Wachholderbeeren habe" sie aber „nicht, vielmehr nur etwa einen halben Tassenkopf voll verbraucht und eingenommen. Eine besondere Wirkung" habe sie davon „nicht verspürt, auch" seien „die Regeln nach wie vor" ausgeblieben. — „Anderweite Versuche, die Regeln wieder herzustellen, habe" sie „nicht gemacht, vielmehr" ihrer „Schwangerschaft ihren Verlauf gelassen."

Rücksichtlich ihrer Beschäftigung zur Zeit ihrer Schwangerschaft gab Inculpatin zwar Anfangs an, dass sie sich starken Leibesbewegungen nicht ausgesetzt habe; später räumte sie jedoch ein, dass sie in ihren „Dienstgeschäften und bei den in denselben nothwendigen Körperanstrengungen wenig Rücksicht auf" ihre „Leibesfrucht genommen habe;" namentlich musste sie, wie auch die p. Brey bezeügt hat, „Holz und Wasser tragen, Töpfe heben" u. s. w.

Letztere gab nächstdem an, die p. Pauli sei, als sie am 1. November zu ihr gezogen, „vollkommen gesund" gewesen und „dies auch geblieben bis kurz vor Weihnachten. „Um diese Zeit, etwa in der Mitte des Monats December" aber habe sie angefangen, „über Schmerzen im Kreuze zu klagen," und hätten diese dann fortgedauert. Inculpatin selbst deponirte, „dass sie nicht lange vor Weihnachten heftige Schmerzen im Kreuze" gefühlt habe, die dann einige Zeit später wieder nachgelassen hätten, und die verehelichte Ehlers will solche Klagen von der Pauli „bald nach Weihnachten vernommen haben." Letztere wurde darauf von der p. Brey zu ihrem Hausarzt, dem Medicinalrathe Dr. Dohlhoff, geschickt, was nach der Deposition dieses Arztes „in der letzten Hälfte des Monats December" geschehen ist. Der Dr. Dohlhoff, gab die p. Brey an, habe der p. Pauli ein Mittel zum Einreiben des Rückens verordnet. Sie müsse jedoch vermuthen, dass die Pauli „die Arznei ungebraucht gelassen" habe, „da die Medicinflasche noch ziemlich gefüllt" in ihrer Wohnung stehe.

Am 31. Januar v. J. wurde Inculpatin, nachdem sie am Tage zuvor gegen Abend auf etwa $1^1/_2$ Stunden ausgegangen war und mehrere Besuche gemacht, in den letzten Tagen auch noch anstrengende Arbeiten verrichtet, namentlich Eis aufgehackt hatte, ihren Angaben zufolge „abwechselnd von Frost und Hitze" und Schmerzen im Rücken, sowie im Leibe und im Mastdarm befallen. Sie habe zwar, gestand Inculpatin, nicht geglaubt, dass sie schon damals von einem Kinde entbunden werden würde, doch habe sie nicht anders vermuthen können, als dass die Schmerzen mit der ihr wohl bekannten Schwangerschaft in Verbindung ständen. Den Abgang von Fruchtwasser habe sie „nicht vor dem 31. Januar wahrgenommen, vielmehr" sei „in der Nacht vom 31. Januar zum 1. Februar" ihr „Bett zuerst von dieser Feuchtigkeit durchdrungen" worden. Die Quantität derselben möge „wohl einige Tassenköpfe betragen haben." Am 1. Februar hätten sich darauf „die Schmerzen im Leibe und im Kreuze immer mehr gesteigert," worauf dann der Dr. Dohlhoff herbeigeholt worden sei.

Die verwittwete Brey deponirte ebenfalls, dass Inculpatin am

1. Februar „über stärkere Schmerzen geklagt, und dass sie, die p. Brey, sich „dadurch veranlasst" gefunden habe, „den Dr. Dohlhoff herbeizurufen. Bevor er kam," habe sie „die gewöhnlichen Hausmittel" angewendet, der Kranken Kamillenthee gereicht, den sie auch genossen, so wie „einen warmen Stein, um denselben auf den Unterleib zu legen." Letzteres habe die p. Pauli zwar versucht, jedoch den Stein bald wieder auf die Erde gelegt, „indem sie meinte, die Schmerzen seien zu arg."

Der Kaufmann Brey hat, seiner Deposition zufolge, gleichfalls wahrgenommen, dass die p. Pauli sehr heftige Schmerzen erlitten, sie habe fürchterlich und herzzerreissend geschrieen, und er dieselbe namentlich „am ersten Tage ihrer Erkrankung Morgens in der Küche, auf den Knieend liegend, den Kopf in beide Hände und auf einen Stuhl gestützt, heftig weinend und schreiend gesehen."

Etwa gegen 11 Uhr früh desselben Tages kam der Dr. Dohlhoff in die Wohnung der verwittweten Brey.

Nachdem er zuvor von dieser erfahren, dass die p. Pauli „seit dem frühen Morgen über heftige Leibschmerzen geklagt" habe, wurde diese, der Deposition des p. Dohlhoff vom 17. Februar v. J. zufolge, in die Stube hineingerufen. „Sie stellte sich mir," so lautet die gedachte Deposition wörtlich weiter, „vor in einer nach vorn übergebeugten Stellung, war nicht fest angezogen, sondern die Kleidungsstücke bammelten lose um ihren Körper. Sie klagte über heftige ruckweise kommende Schmerzen in der Oberbauchgegend, welche bei einem äussern Drucke nicht empfindlich war. Die Zunge war belegt, der Geschmack bitter, Patientin hatte sich, wie mir gesagt wurde, ein oder mehrere Male erbrochen. Der Puls war ruhig. Da ich diesen Erscheinungen nach ein Brechmittel für angezeigt hielt, so verordnete ich ihr solches."

Diese Angaben wiederholte der Dr. Dohlhoff im Wesentlichen auch bei seiner spätern Vernehmung am 11. Mai v. J. Er äusserte ferner, als er ersucht wurde, „den Namen der Krankheit," die er „an der Pauli erkannt haben wolle" zu bezeichnen: „Ich habe die Krankheit der Pauli für eine Kolik gehalten und der Pauli, weil, wie mir gesagt wurde, dieselbe über Nacht sich mehrere Mal erbrochen hatte, die Pauli selbst äusserte, der Geschmack im Munde sei noch bitter, weil endlich die Zunge belegt war, und dies Alles darauf hindeutete, dass noch Sordes im Magen vorhanden seien, die entfernt werden müssten, bevor die Schmerzen aufhören könnten, ein Brechmittel verordnet. „Dasselbe bestand, soviel ich mich dessen jetzt wohl noch mit

Bestimmtheit entsinne, aus einem Gran Tartarus stibiatus und einem Scrupel Brechwurzel, in zwei Theile getheilt, von denen sie erst den einen Theil und, wenn dieser nicht wirken sollte, „nach einer Viertelstunde den andern Theil nehmen sollte." — „Zeichen der Schwangerschaft" — bemerkte der genannte Arzt noch — „habe ich an ihr" (der Pauli) „nicht wahrgenommen, mein ärztliches Examen übrigens auch beim Mangel aller desfallsigen Mittheilungen und Präsumtionen dorthin nicht dirigirt." — „Hierzu kommt, dass Inculpatin schon mehrere Monate vorher und zwar längere Zeit über Kreuzschmerzen geklagt hatte und hiernach — eine prone Stellung natürlich war. Diese Beugung vermag aber bei sonst nachlässiger Haltung und Körpertracht, dem geübtesten Auge die sonst auffälligen Zeichen einer Schwangerschaft, den geschwollenen Leib, zu verbergen. Andere Zeichen derselben gaben sich bei dem angestellten Examen nicht kund."

Inculpatin selbst gab rücksichtlich des von dem Dr. Dohlhoff mit ihr angestellten Krankenexamens Folgendes an: „Morgens etwa 10 Uhr kam der Dr. Dohlhoff in die Wohnung der Madame Brey; ich wurde in die Wohnstube der Letztern gerufen und stellte mich nunmehr in gewöhnlicher aufrechter Haltung, ohne meinen geschwollenen Leib zu verdecken, dem genannten Arzte gegenüber. Auf seine Frage, woran ich litte, entgegnete ich ihm, dass ich heftige Kreuz- und Leibschmerzen habe. Ich musste ihm meine Zunge weisen, und fragte er dann weiter, ob ich übel sei. Ich verneinte die Frage, da ich keine Uebelkeit empfand. Dass der Dr. Dohlhoff mich auf den Leib gefasst hätte, ist mir gerade nicht mehr erinnerlich; von meiner Schwangerschaft habe ich ihm nichts gesagt. Es ist mir ferner durchaus nicht erinnerlich, dass jener Arzt noch andere Fragen an mich gerichtet hätte; das Examen war vielmehr ganz kurz, und verliess ich alsbald das Zimmer."

Die verwittwete Brey gab gleichfalls an, dass der Dr. Dohlhoff auf die Aeusserung der Pauli, dass sie „heftige Schmerzen im Unterleibe" habe, „nach vorgängigem kurzen Examen — zwei Pulver" verordnet habe. Das Recept konnte später nicht aufgefunden werden.

Inculpatin nahm hierauf, ihren Angaben zufolge, nach der Anweisung des Dr. Dohlhoff „zunächst das eine Pulver, indem" sie „es in einem Esslöffel voll reinen kalten Wassers auflöste, sodann aber nach Verlauf von einer Viertelstunde," da „sie sich bis dahin noch nicht erbrochen hatte, auch das zweite Pulver in gleicher Art ein. Etwa 5 Minuten nach dem Einnehmen des zweiten Pulvers erbrach sie sich, wie sie in allen Verhören gleichlautend deponirt hat, „ziemlich stark" und ihren späteren Aussagen zufolge „nach Verlauf von etwa 10 Minuten," nachdem sie, „der Vorschrift des Arztes gemäss, eine Tasse Kamillenthee hinterher" getrunken hatte, „zum zweiten Male, jedoch nicht ganz so stark." Es kamen, bei dem Brechen, gab die Pauli an, „nur die zuletzt genossenen Speisen, nicht aber etwa Blut und Galle zum Vorschein."

Bei ihrer Vernehmung am 2. März v. J. deponirte die Pauli: sie habe nach dem Gebrauche des Brechmittels in ihrem Körperzustand „einen irgend bemerkbaren Unterschied nicht entdecken" können, insbesondere eine Vermehrung oder Verminderung der Schmerzen im Leibe oder auch in anderen Körpertheilen nicht wahrgenommen. In ihren späteren Verhören änderte sie diese Aussage jedoch, indem sie behauptete, es sei ihr gewesen, als wenn sich „nach dem Erbrechen die Leibschmerzen etwas vermindert hätten;" die verspürte Linderung sei aber nur sehr vorübergehend gewesen, und der Schmerz gegen Abend desselben Tages wieder heftiger geworden."

Der Kaufmann Brey will, als er Mittags nach Hause kam, die Pauli „abermals laut wehklagen" gehört haben und deshalb noch an demselben Nachmittage, da, wie ihm seine Mutter gesagt, „das Brechmittel nicht angeschlagen habe," zu dem Dr. Dolhoff gegangen sein.

Dieser verordnete nun, seiner Deposition vom 17. Februar v. J. zufolge, auf die Mittheilung des p. Brey, dass „Patientin — sich nicht erbrochen und — noch immer über heftige Schmerzen" klage, eine krampfstillende „Einreibung in den Unterleib, bestehend aus Linimentum volatile mit Opiumtinctur und Kampher, und besuchte die Kranke um 5 Uhr selbst." Er habe, deponirte der Dr. Dohlhoff, die Pauli „in demselben Zustande wie am Morgen" gefunden. „Da kein offener Leib erfolgt war," so habe er „ein Klystier aus Kamillenthee, Oel und Salz und, der krampfhaften Schmerzen wegen, die immer noch ruckweise kamen, eine halbe Drachme Laudanum" verordnet, wovon Patientin „alle 2 Stunden" habe „zehn Tropfen nehmen" sollen.

Inculpatin behauptete: sie habe sich Nachmittags zu Bett gelegt gehabt, und der Dr. Dohlhoff, als er an das Bett herangetreten, sie gefragt, ob das Brechmittel gewirkt habe. Sie habe darauf entgegnet, dass sie sich zweimal erbrochen habe. Es sei ihr nicht erinnerlich, dass er sie über ihren Krankheitszustand noch weiter befragt hätte. Er habe darauf noch an demselben Nachmittage ein Mittel zum Einreiben in den Unterleib verordnet, und sie habe dasselbe auch angewendet; es sei „jedoch von keiner lindernden Wirkung" gewesen, denn noch an demselben Abend habe sie fürchterliche Schmerzen im Rücken, und zwar nach dem Mastdarm zu" bekommen.

Dr. Dohlhoff erklärte bei seiner Vernehmung am 11. Mai, dass er sich der näheren Umstände rücksichtlich des Krankenbesuches nicht mehr erinnere.

Um 7 Uhr Abends wurde der p. Pauli demnächst auf die Verordnung des Dr. Dohlhoff von der verwittweten Hoffmann ein Klystier gesetzt. Diese bemerkte, ihrer Deposition zufolge, bei dieser Gelegenheit, dass die Stelle, wo „die Pauli" im Bette gelegen, mit Blut, Wasser und Schmutz überzogen war, „und erhielt auf die an die Pauli gerichtete Frage, woher dies komme", zur Antwort, „dass sie" die Pauli „gerade ihre Regel gehabt habe." Dasselbe äusserte diese gegen die verwittwete Brey. Bei ihrer Vernehmung am 7. Mai gab sie jedoch an, dass ihr „am Nachmittage des 1. Februar, also einige Stunden, nachdem sie sich erbrochen, Blut und Wasser aus den Geschlechtstheilen abgegangen, vor dem Einnehmen des Brechmittels — nur Wasser, nicht aber Blut aus den Geburtstheilen herausgeflossen" sei.

Die Pauli ging nach der Application des Klystiers, der Deposition der p. Hoffmann zufolge, auf den Nachtstuhl, will aber damals noch keinen Stuhlgang gehabt haben. Dieser sei, giebt sie an, erst am andern Morgen etwa um 8 Uhr erfolgt, es sei „keine starke Ausleerung und etwas laxirend" gewesen, und habe sie „nach dem Stuhlgange nur etwas Linderung verspürt."

In der Nacht vom 1. zum 2. Februar verlor Inculpatin, ihrer Angabe nach „eine ziemlich bedeutende Quantität Blut aus den Geschlechtstheilen," welche ins Bette floss, „konnte vor Schmerzen nur wenig schlafen und schrie fast die ganze Nacht," indem die Schmerzen im Kreuz und im Mastdarm immer heftiger wurden.

Am Morgen des folgenden Tages, am 2. Februar, besuchte der Dr. Dohlhoff die Kranke wieder und rieth nun, dieselbe in das Krankenhaus zu bringen, was gegen 3 Uhr Nachmittags mittels eines gewöhnlichen Krankenkorbes geschah.

Inculpatin wurde darauf in dem Krankenhause von der Krankenwärterin Bellin in Empfang genommen, entkleidet und zu Bett gebracht. Letztere will hierbei bemerkt haben, „dass die Pauli bedeutend Blut verlor und damit den Erdboden überzog", und dass sie, über heftige Schmerzen im Mastdarme klagend, „sich oft im Bette unruhig umhergeworfen."

Inculpatin selbst gab rücksichtlich ihres Befindens im Krankenhause an, dass sie, obwohl sie schon am Tage vor dem Transport ins

Krankenhaus ein Hartwerden ihres Unterleibes wahrgenommen, dort erst wirkliche Wehen und erst 6 Stunden vor ihrer Entbindung deutlich das Bedürfniss empfunden habe „jene Wehen durch Anwendung innerer Kraft, durch Drängen von innen heraus, zu unterstützen.“ Seitdem sie zu Bett gebracht worden, hätten sie die Schmerzen nicht verlassen. Um 11 Uhr Abends seien dieselben besonders heftig geworden, was sie auch der Krankenwärterin geklagt, und habe sie dann „mit Gebären“ begonnen.

Zwischen 8 und 9 Uhr Abends sah der Dr. Kersten, der Stationsarzt des Krankenhauses, die Pauli und fand sie, seiner Schilderung zufolge, „im Bette liegend, zwar vollkommen bedeckt, aber doch sich viel umherwerfend. Sie war bei völliger Besinnung und klagte — über sehr heftige bohrende Schmerzen im Mastdarme, die beständig zugegen seien, zuweilen sich aber noch nach dem Kreuzbein in die Höhe erstrecken sollten. Schmerzen im Bauche leugnete sie.“

Der Dr. Kersten giebt ferner an: Die p. Pauli habe auf die Frage, ob sie schwanger sei, dies in Abrede gestellt, und habe er, als er seine Hand auf den mit Hemde und Binde bekleideten Bauch der Pauli gelegt, zwar wahrgenommen, „dass derselbe geschwollen war, — doch weder Kindesbewegungen, noch wirklich ausgesprochene Wehen“ bemerkt. An den Geschlechtstheilen touchirt habe er die Pauli nicht, dagegen bei der „Besichtigung des Mastdarms — zwei, etwa eine kleine welsche Nuss grosse, Hämorrhoidal-Knoten, die bei der Berührung schmerzhaft waren,“ entdeckt und „zur Linderung Einreibungen mit Mandelöl, innerlich“ aber „kein Mittel verordnet,“ um sich zunächst, da er einigen Verdacht der Schwangerschaft nicht unterdrücken können, von dem Verlaufe der Krankheit über Nacht zu überzeugen.

Die p. Bellin giebt an, dass die Pauli um 11 Uhr angefangen habe, heftig zu schreien. Sie, die Bellin, habe darauf nach den Geburtstheilen der Pauli gefühlt und, da sie „das Hervortreten eines Kindeskopfs wahrgenommen, eilig den Stationschirurgus Könnecke herbeigerufen.

Dieser fand, wie er deponirt, und auch die p. Bellin bezeugt hat, als er die Geburtstheile der Pauli untersuchte, dass der Kopf des Kindes „schon aus den Geburtstheilen ganz herausgetreten“ war, und dass sich „mit geringer Mühe die übrigen Körpertheile nachziehen“ liessen. Bei seiner spätern Vernehmung beschrieb der p. Könnecke den Hergang der Entbindung noch genauer folgendermassen: „Als ich bei der Gebärenden eintraf, war der Kopf bereits geboren. Ich legte darauf meine flache Hand an das Mittelfleisch, um dasselbe zu unterstützen. Unmittelbar darauf glitt indess der Rumpf aus den mütterlichen Geburtstheilen, und folgte demselben das noch übrige Fruchtwasser und etwas Blut nach. Von beidem muss auch schon vor meiner Ankunft eine nicht unbeträchtliche Quantität abgegangen sein," denn ich — „fand bereits das Bett davon ganz durchnässt." Rücksichtlich der Stellung des Kopfes bei der Geburt gab der p. Könnecke ferner an: „Das Gesicht des Kindes war nach unten, das Hinterhaupt nach oben gerichtet. Als die Schultern — den Scheideneingang passirten, drehte sich das Kind mit seinem Gesichte nach dem linken Schenkel der Mutter, und es entwickelte sich die linke Schulter — unter dem Schaambogen, die rechte über dem Mittelfleisch." „Die ganze Geburt war," der Deposition des p. Könnecke zufolge, „in Zeit von 3 Minuten vorüber", und „schien die Gebärerin" dem p. Könnecke „dabei nur wenig Schmerzen zu erleiden, denn sie lag ganz still und gab keinen Laut von sich."

Sowohl der p. Könnecke, als auch die p. Bellin, bezeugten, dass das Krankenzimmer durch zwei Lampen erhellt gewesen, so dass man an der Pauli, welche während der Geburt des Kindes an den Schenkeln und Geburtstheilen entblösst gewesen, die angeführten Erscheinungen habe „mit grösster Sicherheit wahrnehmen" können.

Als das Kind geboren war, unterband der p. Könnecke die Nabelschnur doppelt, durchschnitt sie und gab das Kind unterdessen in die Hand der Wärterin Bellin. Die Nabelschnur war, der Aussage des p. Könnecke zufolge, „weder neben dem Kopfe vorgefallen, noch — um den Hals oder irgend einen andern Theil des Kindes geschlungen." „Sie war welk und rothbraun von Farbe. Es war kein Pulsschlag darin wahrzunehmen," so wie auch kein Blut aus der Trennungsstelle hervordrang. Die Nachgeburt erfolgte „etwa 4—6 Minuten nach Unterbindung der Nabelschnur ganz leicht.

An dem Kinde selbst liess sich, wie der p. Könnecke, die p. Bellin und der nach so eben beendigter Geburt eingetretene Stationschirurgus Kaufmann bezeugt haben, kein Lebenszeichen, namentlich „kein Rühren der Gliedmassen, kein Athemzug, kein Pulsschlag" (kein Ton, kein Zucken) wahrnehmen. Das Kind war, der Deposition des p. Könnecke zufolge, „wohl gebildet, nur war der Kopf desselben an den beiden Schläfen zusammengedrückt Die Hautfarbe war am Gesicht, den Bauchdecken, der Brust, dem Rücken und den Extremitäten ganz gleich, nämlich erdfahl gelb."

Der p. Kaufmann will ferner wahrgenommen haben, dass das

Kind „mässig warm" war, und „dass sich am innern Winkel des linken Auges eine Blase vom Umfange einer Bohne vorfand," welche, wie er sich überzeugt, Lymphe enthalten habe.

Der p. Könnecke nahm nun Belebungsversuche mit dem Kinde vor. Er „schwenkte es in der Hand, schlug es auf den Hintern, rieb ihm die Brust; — allein es blieb regungslos." Es wurde darauf sammt der Nachgeburt in ein leeres Waschgefäss von dem p. Könnecke gelegt und in das Zimmer des Letztern getragen, wo es am 4. Februar von den Gerichtspersonen angetroffen ward.

Diese registrirten, dass das Kind „sich in dem Waschgefässe in gekrümmter Lage" dergestalt befunden habe, „dass der Kopf nach vorn gebogen, und Kniee und Schenkel gegen denselben hin angezogen" gewesen seien. Der Körper sei „gänzlich mit Blut überkleidet" gewesen, und habe die Nachgeburt dicht neben dem Kinde gelegen.

Am folgenden Tage, dem 5. Februar v. J., wurde darauf die Obduction des Kindesleichnams von dem Kreis-Physikus Dr. Voigtel und dem Kreis-Wundarzt Dr. Varges jun. ausgeführt, die, dem Obductions-Protocolle zufolge, im Wesentlichen Folgendes ergab:

„Es wurde das Kind aus dem Waschgefässe, in welchem es zusammengekrümmt auf der linken Körperseite, das Gesicht gegen den Boden des Geschirrs gewendet, das Hinterhaupt an der Seitenwand des Gefässes anliegend, gelagert war, herausgenommen. Das Waschgefäss enthielt ausserdem noch einen Mutterkuchen nebst Nabelschnur, ein wenig Blut und etwas grüner Seife ähnlichen Brei."

„Das äussere Ansehen des (weiblichen) Kindes sprach für dessen noch nicht vollendete Reife, indem der Kopf im Verhältniss zum übrigen Körper noch sehr gross, der Fettreichthum gering, und der Gesichtsausdruck ältlich war. Die Extremitäten waren lang und mager, die ganze Oberfläche des Körpers mit getrocknetem Blute überzogen." „Deutliche Zeichen von Verwesung fanden sich nicht vor," vielmehr bot das Kind nur einen gewöhnlichen Leichengeruch dar.

Die Körperlänge betrug 18 Zoll rheinl., das Gewicht $4^1/_2$ Pfd. bürgerlich = 6 Pfd. Medicinalgewicht.

Die Färbung der äusseren Bedeckungen war auf dem obern und vordern Theile des Scheitels fleischfarben, am Hinterkopfe im Umkreise eines preussischen Zweithalerstücks um die kleine Fontanelle herum rothbraun. Die Ohren sahen kirschroth, die Lippen braunroth aus. Die linke Gesichtshälfte, welche auf dem Boden des Gefässes auf — und demnach tiefer gelegen hatte, als das Hinterhaupt, sah grünlich aus und war etwas platt gedrückt. Die Haut an den übrigen

Körperstellen besass im Allgemeinen das natürliche fleischfarbene Colorit, und nur ab und zu fand man eine Stelle bis zum Umfange eines Achtgutegroschenstücks bläulich oder grünlich gefärbt. Die Epidermis war im Allgemeinen glatt und prall über das darunter liegende Zellgewebe und Fett ausgespannt." Spuren von Wollhaar wurden „nur auf den Oberarmen und auf dem vordern obern Theile des Brustkorbes" angetroffen; desgleichen vom „Kindesschleim nur eine Wenigkeit in den Achselhöhlen und Schenkelbeugen."

„Der Kopf war sehr lang, in den Seiten schmal. Die Kopfknochen" waren „nur in der Mitte fest und knöchern, ihrem grössten Theile nach noch knorplig" und „liessen sich mit Leichtigkeit hin und her bewegen, da die Nähte noch 2—3 Linien Breite besassen."

„Die grosse, etwas eingesunkene Fontanelle" hatte „eine Breite von circa $^1/_2$", eine Länge von 1 Zoll und etwas darüber. Die kleine Fontanelle war noch als eine Membran von der Grösse etwa eines Silbersechsers fühlbar. Am angulus occipitalis des linken Scheitelbeins fand man eine längliche, circa 1 Zoll lange und $^1/_2$ Zoll breite Stelle der Kopfhaut von der Oberhaut, welche im Umkreise derselben noch in Gestalt von Lappen festsass, abgetrennt, die entblösste Lederhaut feucht und bräunlich von Farbe, jedoch kein Blut auf derselben ausgebreitet. Eine Kopfgeschwulst wurde nicht aufgefunden, das Kopfhaar" war „nicht sehr reichlich, von Farbe braun und $^1/_2$ Zoll lang."

Der „Umfang des Kopfes" über Stirn und Hinterhaupt gemessen, betrug „12 Zoll," der gerade Durchmesser „$3^3/_4$ Zoll," der quere über dem Ohre gemessene $2^1/_4$ Zoll, von einer Hervorragung des Scheitelbeins zur andern $2^1/_2$ Zoll," der senkrechte Durchmesser eben so viel, der diagonale $4^1/_2$ Zoll.

„Von Augenbrauenhaar war nur ein kleiner Anflug zu bemerken; die Augenwimpern" waren „etwa eine Linie lang."

„Am innern Winkel des linken Auges befand sich eine etwa bohnengrosse, gelblich weisse, mit trüber gelblicher Lymphe gefüllte Blase. Eine ganz gleiche, nur etwas kleinere Blase sass auf dem rechten Oberaugenlide auf."

„Die Bindehaut" der Augen „um die Cornea herum war mit Blut unterlaufen, die Hornhaut — gespannt, aber trübe und undurchsichtig —. Die Pupillarmembran" war, wie sich nach Abtragung der Hornhaut zeigte, „schon gänzlich verschwunden."

„Die Nase war etwas schief von links nach rechts herübergedrückt, ihr knorpelichter Theil schon ziemlich fest. Die Nasenöffnungen enthielten etwas schmutzig grünen Schleim."

„Beide Ohren lagen — ziemlich dicht am Kopfe an, ihre Knorpel" waren „noch wenig entwickelt. Vom linken äussern Ohr fehlten stellenweise kleine Stücke der Oberhaut im Umfange eines Nadelkopfs bis zu dem einer kleinen Linse. Das entblösste Corion sah röthlich aus."

In der Mundhöhle war nichts Regelwidriges wahrzunehmen. Die Zunge lag hinter den Kieferrändern.

Am Halse zeigte sich äusserlich nichts Abnormes. Die Wölbung des Brustkorbes war gering, die Elasticität sämmtlicher Rippen sehr bedeutend. — Die Maasse des Brustkorbes waren folgende: Umfang desselben, über der 7. wahren Rippe gemessen, 10 Zoll, Schulterbreite 4 Zoll, Entfernung des obern Theils des Brustbeins von der gegenüberliegenden Stelle der Wirbelsäule $1^3/_4$ Zoll, desgleichen von der Mitte des Brustbeins bis eben dahin $2^1/_4$ Zoll, desgleichen vom processus ensiformis bis eben dahin $2^1/_4$ Zoll. Aus der linken Brustdrüse liess sich ein Tröpfchen milchähnlicher Feuchtigkeit herausdrücken.

In der Mitte des wenig gewölbten Unterleibes „befand sich der $5^1/_2$ Zoll lange Rest einer Nabelschnur, um welche, circa 4 Zoll vom Nabelringe ab, eine Ligatur mittels eines Knotens fest umgelegt war. Das Ligaturbändchen bestand aus mehreren zusammengedrehten Fäden rother Seide, welche zusammengenommen ohngefähr die Dicke eines mässigen Bindfadens besassen." — Die Trennungsstelle war glatt und eben; die Ligatur hatte den Nabelstrang „bis zu einem Drittel seines Umfanges comprimirt;" die eingeschnürte Stelle sah „bläulich weiss aus. — Die Nabelschnur selbst war $^1/_2$ Zoll stark, sah dunkel braunroth aus, von gleicher Farbe war ihr mässiger Gehalt an Sülze. Einen Verwesungsgeruch gab dieselbe noch nicht von sich; auch war an ihr keine beginnende Eintrocknung bemerkbar. Die Nabelvene enthielt circa 5 Tropfen eines schwarzen dickflüssigen Bluts und war noch — offen."

„Die grossen Schaamlippen bedeckten die kleinen und den Kitzler noch nicht vollständig."

„Aus der weit offenstehenden Aftermündung liess sich etwas olivengrüner zäher Brei ausdrücken."

Die Hüftbreite betrug $2^1/_2$ Zoll. Die Articulationen der Extremitäten waren „schlaff," die Haut der Fusssohlen und der Finger war „welk" und an ersteren „blassblau," an den Handtellern „bläulich weiss gefärbt. Die weichen und weissen Nägel der Zehen ragten noch nicht über die Spitzen der letzteren hervor, dagegen die blassblauen und etwas derberen Nägel der Finger weit über die Fingerspitzen hinaus."

In der linken Schenkelbeuge wurde eine kleine Excoriation von der Grösse einer Bohne wahrgenommen, die „das Ansehen" hatte, „als wenn dort — die Oberhaut in Folge starken Zuges — an den Schenkeln oder am Rumpfe geplatzt sei."

Als Obducenten behufs der Eröffnung der Kopfhöhle die Kopfhaut mittels eines Kreuzschnittes gespalten und in 4 Hautlappen zurückgelegt hatten, fanden sie „die überall nur etwa 2 Linien dicke Kopfschwarte ringsum die kleine Fontanelle herum im Umfange eines Zweithalerstücks in der Art sugillirt, dass sich zwischen dem Zellgewebe der Kopfhaut eine etwa $^1/_2$ Linie starke Lage geronnenen Blutes ausgebreitet befand. Eine gleich starke Lage geronnenen Blutes in demselben Umfange und an derselben Stelle" zeigte sich „sowohl oberhalb des Pericraniums, wie auch zwischen diesem und den Schädelknochen selbst. Der ganze hintere Theil des linken Scheitelbeins und der spitze Winkel des Hinterhauptbeins enthielt ausserdem in seinen Gefässen einen ziemlichen Blutreichthum, was sich durch die rothe Farbe besagter Knochenpartieen deutlich zu erkennen gab. Eine Verletzung des mit halbgeronnenem Blute ziemlich stark gefüllten sinus longitudinalis und occipitalis" konnte nicht aufgefunden werden. „Die Kopfknochen erschienen an der Stelle, wo sich das — erwähnte Extravasat vorfand, ausserordentlich dünn und faserig, so dass es leicht war, sie „mit dem Messer zu durchschneiden." Als hierauf die das Schädelgewölbe bildenden Kopfknochen mittels der Scheere hinweggenommen waren, zeigte sich „an derselben Stelle, wo sich oberhalb das — Blutextravasat vorgefunden hatte, auch unterhalb desselben zwischen Schädelgewölbe und harter Hirnhaut eine etwa $^1/_2$ Linie starke Lage geronnenen Bluts, und — die harte Hirnhaut" war „im Umfange circa eines Einthalerstücks vom Knochen abgetrennt."

„Das grosse Gehirn enthielt durchweg viel Blut in seinen Gefässen, auch war dessen durch die pia mater gebildeter Ueberzug sehr blutreich. Von gleicher Beschaffenheit zeigte sich auch das kleine Gehirn; dagegen fehlten freie Austretungen von Blut zwischen den Hirnhäuten auf der Oberfläche und in der Substanz des Gehirns. Die beiden seitlichen Hirnhöhlen enthielten keine Flüssigkeit; dagegen sahen die Adergeflechte in demselben vom reichlichen Blutinhalte blauroth aus. An der basis cranii" trafen Obducenten ursprünglich weder Blut, noch eine anderweitige Flüssigkeit an; nachdem jedoch behufs Herausnahme des kleinen Gehirns die dort gelegenen sinus durchschnitten worden waren, ergossen sich aus ihnen gegen $^1/_2$ bis $^3/_4$ Unzen schwarzen dickflüssigen Blutes und sammelten sich auf der Schädelbasis an."

An der hintern Hälfte des linken Scheitelbeins im knöchernen Theile auf der innern Oberfläche desselben" wurden ferner von den Obducenten „4 grubenförmige, Linsen- bis Silbersechser grosse Vertiefungen" wahrgenommen, „woselbst die Knochensubstanz so verdünnt war, dass sie das Licht hindurchscheinen liessen, und dass man eine starke geknöpfte Sonde ohne alle Anstrengung hindurchstossen konnte. Die Dicke des Knochens überstieg an dieser Stelle nicht die Stärke gewöhnlichen Schreibpapiers."

Nach der Eröffnung der Bauchhöhle zeigte sich in Bezug auf den Stand des Zwerchfells, „dass dessen höchste Convexität noch bis zur vierten wahren Rippe hinaufreichte."

Die Lage der Baucheingeweide war normal. Die Leber wog „5 Loth 1 Quentchen, — sah blauschwarz aus, war sehr blutreich, aber von normaler Structur" und „hatte den bei Kindern bedeutendern Umfang. Der ductus venosus Arantii war „noch ganz offen." Die Gallenblase enthielt etwa $^1/_2$ Drachme dunkelgelber Galle." Der Magen sah äusserlich dunkelroth aus und enthielt nur ein wenig Schleim. Die Milz war „blauschwarz und sehr blutreich, aber derb." Die Harnblase enthielt „circa 2 Drachmen hellen Urin." Die Blutgefässe der Gebärmutter und in den breiten Mutterbändern waren reichlich gefüllt. An den übrigen Organen des Unterleibes war nichts Regelwidriges wahrzunehmen.

Bei der Eröffnung der Brusthöhle fand sich, „dass die Hals- und Brustmuskeln sehr dunkelroth aussahen und noch nicht die Festigkeit des Muskelfleisches bei ältern Kindern besassen. Die äusseren Drosselvenen waren fast blutleer zu nennen."

„Die Lungen beiderseits" lagen „ganz im Hintergrunde der Brustfellsäcke" und füllten diese „nur etwa zu einem Drittheil aus. In jedem der Brustfellsäcke fand sich circa 1 Drachme röthlicher Flüssigkeit. Beide Lungen hatten eine gleichmässige blaurothe Farbe, welche nur an den scharfen Rändern ein wenig ins Rothe spielte. Der ganze vordere und seitliche Theil des Herzbeutels lag frei und von den Lungen unbedeckt. Die Substanz beider Lungen liess sich leberartig fest anfühlen. An einzelnen Stellen der Lungen, besonders häufig aber unter der pleura costarum in der Nähe der

Wirbelsäule" fanden sich „kleine Blutaustretungen von der Grösse eines Nadelkopfs bis zu der einer Linse vor."

Die Thymusdrüse war gewöhnlich beschaffen. Der Herzbeutel enthielt gegen „$1^1/_2$ Drachmen dunkelrother Flüssigkeit." Die von den Obducenten angestellte Lungenprobe ergab, dass die Lungen im Ganzen und in ihren einzelnen Theilen „nicht im Entferntesten" schwimmfähig waren. Das Gewicht derselben betrug 2 Loth $3^1/_2$ Drachmen. Es stiegen auch keine Luftbläschen beim Einschneiden der Lungen unter dem Wasser hervor, und ein knisterndes Geräusch wurde während des Einschneidens ebenfalls nicht bemerkt. „Der Blutgehalt beider Lungen" wurde „im Allgemeinen ziemlich reichlich" gefunden.

„Das Herz" war „muskulös und derb, seine Kranzgefässe mit Blut ziemlich gefüllt. Zwischen dem serösen Ueberzuge seiner äussern Oberfläche und der eigentlichen Muskularsubstanz" fanden sich „zahlreiche, meist zirkelrunde und isolirte, zum Theil aber auch zusammenfliessende kleine Blutextravasate in Gestalt schwarzblauer Flecke. Die grössten von ihnen überstiegen indess den Umfang einer Linse nicht. — Ganz gleich beschaffene Ecchymosen fanden sich auch in dem lockern Zellgewebe, welches die Aorta mit der Lungenschlagader verbindet." Die Menge des ausgetretenen Blutes war jedoch zu geringfügig, „um bestimmen zu können, ob" dasselbe „sich in geronnenem oder flüssigem Zustande befunden habe."

Die Herzkammern und Vorkammern und die grossen Venenstämme der Brust enthielten nur wenig, die Lungenarterie und Aorta gar kein Blut. „Der Schlagadergang besass noch ein lumen von mindestens 2 Linien" und „die Klappe zum eiförmigen Loch liess noch eine Oeffnung von der Grösse einer kleinen Linse gänzlich unbedeckt."

Der Schleimhautüberzug der Mundhöhle zeigte eine etwas ins Gelbliche spielende Färbung, Kehlkopf, Luftröhre und Speiseröhre enthielten keine fremden Körper; die Schleimhaut der ersteren hatte „ein röthliches Colorit."

Die Besichtigung der Nachgeburt „ergab, dass die Placenta im grössten Durchmesser 5 Zoll mass und eine Dicke von $^3/_4$ Zoll im Centraltheile hatte. Ihr Gewebe erwies sich derb und von Structurfehlern durchaus frei. Ein wenig vom Mittelpunkte des Mutterkuchens abweichend, pflanzte sich die braunrothe, schon ein wenig matschige, 10 Zoll lange Nabelschnur ein, welche 1 Zoll weit vom freien Ende fest unterbunden war."

Obducenten erklärten hierauf in ihrem vorläufigen Gutachten auf die ihnen von dem Inquirenten vorgelegten Fragen:

1) „Das obducirte Kind“ sei „zwar von organischen Fehlern, welche es hätten zur Fortsetzung seines Lebens unfähig machen können, frei, — dagegen noch nicht ausgetragen“ gewesen und habe „zur Zeit der Geburt erst ein Lebensalter zwischen 8 und 9 Mondsmonaten, also von 32 bis 36 Wochen erreicht“ gehabt;

2) es habe „höchstwahrscheinlich nach seiner Geburt nicht gelebt, sondern“ sei todt zur Welt gekommen;

3) es sei, „nach Ausweis der Obduction — am blutigen Gehirnschlagfluss gestorben;“

4) dass dieser „natürlichen Ursprungs gewesen,“ erscheine „um deshalb nicht glaublich,“ weil das Kind „keineswegs sehr kräftig und auch im Allgemeinen mit Blut nicht sehr reichlich versehen“ gewesen. „Von Handanlegung oder einer anderweiten, durch dritte Personen ausgeübten Gewalt“ hätten „sich zuverlässige Merkmale nicht vorgefunden; dagegen“ sei „in Berücksichtigung der Stelle am Kopfe, wo sich die Blutextravasate vorfanden, der Beschaffenheit der Schädelknochen an diesem Orte, desgleichen des“ ihnen, den Obducenten, mitgetheilten „Umstandes, dass die Pauli höchst wahrscheinlich schon 48 Stunden vor Eintritt der Geburt gekreist, und dass sie während dieser Zeit geburtshülflichen Beistand nicht gehabt habe, mit hoher Wahrscheinlichkeit anzunehmen, dass besagtes Kind in der Geburtsarbeit und durch den Geburtsact selbst sein Leben eingebüsst habe:“

5) eine Einwirkung von aussen auf die Frucht dergestalt, dass dadurch der Tod derselben herbeigeführt worden,“ sei „zwar möglich, aber nicht aus der Obduction erweislich;“

6) „allem Vermuthen nach“ sei „der Kopf des Kindes durch die Kraft der Wehen, welche wahrscheinlich während einer 48stündigen Dauer auf dasselbe eingewirkt haben, heftig gegen die Beckenknochen getrieben worden, und“ sei „in Folge dessen die Blutaustretung am Hinterkopfe desselben entstanden, welche später den apoplectischen Tod“ vermittelt habe;

7) über die Frage, ob „die frühzeitige Geburt eine Folge der Anwendung innerer Mittel, welche nach ärztlichen Erfahrungen das zu frühe Gebären erzeugen, gewesen,“ könne die Obduction für sich allein keinen Aufschluss geben.“

Obducenten wurden hierauf unter dem 4. März v. J. von dem Gerichte aufgefordert, bei Abfassung des Obductionsberichts die so

Zur Beachtung.

Aufgeschnittene oder Spuren des Lesens an sich tragende Exemplare dieses Buches werden unter keiner Bedingung zurückgenommen!

FSC
www.fsc.org
MIX
Papier | Fördert gute Waldnutzung
FSC® C083411

Kolibri 360 GmbH
Ferdinand-Jühlke-Straße 7
99095 Erfurt, Deutschland
produktsicherheit@kolibri360.de